花屋さんになろう！

本多るみ

青弓社

花屋さんになろう！　目次

カバー・本文のイラスト——本多るみ／装丁——斉藤よしのぶ

はじめに――「花屋さんになりたい！」と思ったら

▼花屋さんは「夢」ですか？

花屋さんになりたい！　あなたも、そう思っていますか？　花屋さんは、時代を問わず、女の子の「将来なりたい職業」の上位に必ずといっていいほどランクインしています。

それほどまでに人気があるはずの職業なのに、実は、花屋さんになるための情報、とりわけ本は、これまでほとんどありませんでした。情報がないということは、どうやってなったらいいのかわからない、ということです。それは、なんとなく将来の夢から遠ざかっていってしまう理由にもなります。

すごい技術を身につけていないと花屋さんにはなれないのでは？　実際には水仕事で大変なのではないか？　そんなふうに考えて夢を諦めてしまった経験があなたにもあるかもしれません。「想像ではなく、事実が知りたい」。きっとあなたもそう思うのではないでしょうか。

「花屋さんになる」とはどういうことなのか、仕事に就くにはどうしたらいいのか、実際に仕事をしていくためには、どんなスキルが必要なのか。

私は、学生時代のアルバイトから花屋さんで働き始め、店舗マネージャー・店長を務めました。

十一年勤務して出産退職後、家庭で毎日できる「おうち花」のレッスン・情報発信をしながら、花屋さんにも仕事への取り組み方を教材やアドバイスで伝えています。
　本書では、そんな私の経験から、あなたが「本当に知りたかった花屋さんで働くことのすべて」をお伝えします。

▼花屋さんになるためには資格が必要？

「花屋さんになりたい」。そう思って花の仕事やフラワー教室を調べると、「資格を取ってプロに」という記載が目につくでしょう。そのため、多くの人は「プロになるには、こうした資格をまず取る必要があるのだ」と考えます。しかし実際には、花屋さんで働くときに資格は必要ありません。店を開くときであっても、特に資格は必要ないのです。

　フラワースクールやお花教室で発行されている「資格」は、そのスクール・教室の主催者や協会が独自に発行しているものです。目にすることが多い「資格を取ってプロになりましょう」という言葉は、「当スクール・教室のカリキュラムを終えて講師の資格を取ると、当スクール・教室内で講師やアシスタントの仕事ができます」という意味であることがほとんどです。「当スクール・教室講師の肩書を使って系列のスクール・教室を独自に興すことができます」という資格もあります。

つまり、これらの資格は教室の講師になりたい場合には有効ですが、花屋さんには、基本的に関係がないのです。

ただ、日本フラワーデザイナー協会が発行しているフラワーデザイナー資格と、国が発行しているフラワー装飾技能士の資格は、「一定の知識と技術を獲得したしるし」として業界的に認知されていますので、もっていれば一つのアピール要素になります（絶対に必要なものではありません）。

もちろん、花屋さんが仕事として花を飾ったり花束を作ったりするために、一定の技術は必要です。しかし、必ずしもフラワースクールや教室に通う必要はなく、現場、つまり業務内で学ぶこともできるのです。

詳しくは第3章で述べますが、「スクールや教室で習う内容」と「花屋さんの実務内容」は似て非なるものだからです。

▼開業しないと花屋さんになれない？

次に多い誤解が「開業するなんてとても無理だから、自分は花屋さんにはなれない」というものです。

「花屋さんになりたい」と思って情報を探すと「開業しよう」という情報が多いために、「花屋さんになるためには開業しなければならない」と思ってしまうことも多いようです。

もちろん、実際には「花屋さん」になるために「開業」する必要はまったくありません。既存の花屋さんに「就職」すればいいのです。

開業するためには、資金も必要ですし、自分で店を運営できるだけの仕事がすでに「できる」ことが必須ですが、就職するのであれば、資金も、そこまでの経験も必要ありません。

もし、仕事を続けるうちに「自分の店をもちたいな」と思ったら、そのときに開業の準備を始めればいいでしょう。

▼「夢」を「現実」に！

ここまで読んだあなたなら、もうおわかりでしょう。花屋さんになることは何も特別なことではなく、一つの就職活動です。パートもアルバイトもできます。主婦が扶養内で働くことも、学生が夕方のアルバイトをすることもできるのです。

ただ、花屋さんで働くということは、店の運営すべてに関わっていくことが多いため、「仕事を始める前の心構え」がとても重要になります。

このあと、その「花屋さんの仕事を始める前の心構え」を、あなたにお伝えしていきます。じっくり本書を読んで、「いま、あなたにできること」から積み重ねていきましょう。そしてどうぞ、「花屋さんになりたい」というあなたの夢をかなえてください。

第１章　花屋さんのイメージと実態

本章では、花屋さんの仕事に憧れる人が夢見てしまいがちな「花屋さんの仕事」のイメージと現実との差をお伝えしていきます。

花屋さんは植物＝「生き物」を扱う仕事ですから、キラキラした夢の世界を描いていると、現実とのギャップが大きすぎます。実際の花屋さんの仕事をきちんと知っておきましょう。

１　花屋さんは優雅でキレイな夢の仕事？

「花屋さんになりたい！」と憧れる人が最も抱いてしまいやすい夢がこれです。確かに、花屋さんにはキレイな花が並び、優雅にフラワーアレンジメントをしているように見えるでしょう。それは、「お客にそう見せる」ことこそが花屋さんの仕事の一つだということを意味します。

実際には、花は散ります。傷みます。花屋さんでは、そんな花たちをきれいに保つために常に掃除と手入れをしています。つまり、花屋さんの仕事は、そのほとんどが「花の手入れと掃除」なのです。

フラワーアレンジをしている時間はほんの一部分にすぎません。傷んだ花を手入れして、バケツのヌメリを洗い落とし、床に泥汚れがないように拭きます。土やカビやバイキンと毎日ずっと向き合うことになります。キレイな花の裏にある土もカビもバイキンも「見たくない」「触りたくない」という気持ちが強い方には、現実的には厳しいでしょう。

2 実際の花屋さんはいわゆる「3K」職

「3K」とは一般的には、「きつい」「汚い」「危険」な土木作業系の仕事に対していわれてきた言葉ですが、花屋さんの「3K」は「きつい」「汚い」「給料が安い」です。

花屋さんの毎日の仕事は水回りの掃除や重いバケツ・鉢を運ぶ力仕事がメインのため、「体力的にきつい」「汚い」は職業的に切っても切れないといえるでしょう。

そして一般的に、給料が安いです。都道府県の最低賃金クラスだと思っておいたほうがいいでしょう。

花屋さんは基本的に在庫をもつことができません。花は三日もすれば傷み、傷んだ花は捨てなくてはならないため、利益率が低いのです。利益が少ないので、給料を低くせざるをえません（店の経営方針や方向性によっては、当てはまらないこともあります）。

そんな「体力的にきつくて」「泥や水仕事で汚れて」「給料も安い」のが、花屋さんの仕事です。それでも花が好き、汚れも重さも気にならない、花がある暮らしや花のすばらしさを人に伝えたいと思えるかどうかが、花屋さんを仕事として考えるポイントになります。

3　花屋さんの仕事に向く人・向かない人

▼「花に囲まれて優雅に」と思う人には向かない

もうおわかりだと思いますが、花に囲まれたキレイな空間で優雅に過ごすことができるのはお客であって、スタッフはその優雅で夢のような空間を生み出すことが仕事です。

お客にカビやバイキンで傷んだ花を渡さないために花の手入れをするのが花屋さんのスタッフですから、「自分が優雅な空間でうっとりしたい」と思っていると、「こんなはずじゃなかった」となってしまいます。もし、自分がキレイな状態の花だけに囲まれてうっとりしたい気持ちのほうが大きいようであれば、お客や生徒でいるほうが幸せでしょう。

また、仕事をするときの姿も「優雅に美しく」をイメージしていると、大きく異なります。制服がある場合を除いては、ジーンズや黒っぽいパンツにTシャツ、スニーカーといった動きやすく汚れが目立たない服装で、黒や濃いグリーンなど濃い色のエプロンをして働くことが多いです（制服の場合は、黒基調のものが多く、見た目にはなかなか格好がいいものです）。

水仕事ですので、指輪や腕時計は外します。水を使うほか、刃物を使ったり力仕事もしたりするため、外し忘れていると一日で歪んだり壊れたりしやすいので要注意です。

ネイルも一日ではげてしまいますので、爪の弱い方が保護ネイルをする以外にはおすすめしません。爪の間に土や植物の汚れが入り、手も荒れるので、キレイな手ではいられなくなります。

髪形は問いませんが、水仕事や土いじり、力仕事をするので、長い髪の場合はまとめておいたほうが動きやすいでしょう。

水仕事・力仕事・土仕事であることを考慮したうえで、できるだけ清潔感がある見た目を整えることは、接客業ですので大事ですが、いわゆる「すてきな服を着て優雅に花に囲まれて……」といったイメージとは異なります。もしそんなイメージが頭のなかにあるなら、仕事としてはフラワースクールの先生のほうが適しているでしょう。

ほかの花に関する仕事についてもあとで述べますが、フラワースクールの先生の場合は、土も水もほとんどいじらず、力仕事も必要ありませんので、「優雅でキレイな仕事」をすることができます。

花屋さんとフラワースクールの先生とはまったく異なりますので、もし同じだと思っているなら気をつけてください。

▼花屋さんの仕事に向いているのはこんな人

それでは、花屋さんの仕事に向いているのはいったい、どんな人でしょうか。

・生き物が好き
・土いじりが好き
・絵やデザイン、工芸など芸術が好き

このような人なら、花屋さんの仕事を「楽しい！」と思うことができる素質があります。第3章で詳しくお話ししますが、花屋さんは、花を通して「幸せ」を配る仕事ですから、スタッフは笑顔で、心から仕事を楽しんでいることがまず何より重要です。

そこで、体力的にきつく、汚れ、給料が安くても、それでも、花の世話をして、土をいじり、掃除をし、花をきれいに見せることを楽しいと心から思うことができる人が第一の条件になります。

もし、これらのことを、とても「楽しい！」と思えそうにないなら、「花屋さんになることは自分には向いていないんだな」と思っていいでしょう。

もともと植物に限らず生き物が好きな人や土いじりが好きならば、生き物が生きていくうえで、食べたり、排泄したり、病気になったりすることは当たり前だと思っていますので、植物の世話を

することはまったく苦にならないでしょうし、お客に植物の説明をすることも趣味の延長……まさしく趣味が仕事になって楽しくできるでしょう。

そして、絵やデザイン、工作、手芸など芸術分野が好きであることも大切な要素になります。

花屋さんでは、「きれいに見えるように花を並べる」「植物の性質を生かしながら、美しい見た目のギフトを作る」ことが大きな仕事になりますので、色やデザインといったことにまったく興味がないと、魅力的な店頭作りが難しくなります。これも、もともと絵やデザイン、工芸工作が好きな人にとっては「遊び」感覚で、より魅力的な店頭や商品作りに積極的に楽しみながら取り組むことができるでしょう。

私は大学在学中、希望していた土壌肥料・食品・化粧品などの研究職にも、動物園・水族館・植物園などの学芸員にも就職できなかったとき、自分の「生き物が好き」「土いじりが好き」「絵やデザインなど芸術が好き」という「好き」なことから、「もしかして、花屋さんも楽しいのでは？」と思い立って花屋さんで働くことを決めました。働きだして本当にとても面白くて楽しくて、気がつけばこんな本まで書いていています。これまで仕事で百人以上のスタッフさんや、私の講座の受講生さんを見てきて、この三つの要素をもっている人は楽しく仕事ができる……つまり花屋さんの仕事に向いていると実感しています。

三つすべて大好きでなくてはいけないということではありませんが、少なくとも生き物が好きで色や絵、工作などに興味があることは、とても重要です。

土いじりに関しては、切り花しか扱わない店であればやったことがなくてもあまり差し支えないでしょう。

4 花屋さんの仕事のうれしいところ

▼仕事が楽しい！

先の三つのポイント「生き物」「土いじり」「デザインや工芸」が好きであれば、一般的にはきつくて汚いと思う人が多い植物の世話も、重たい鉢を運び、水が入った大きなバケツを持ち上げて並べることも、楽しいでしょう。

自分が好きな作業をしながら、さらにそのすばらしさを伝えることができる花屋さんの仕事は、まさに趣味の延長で天職といえます。

仕事が楽しすぎて「身体を壊しても、まだ花屋さんで働き続けたい！」と願う人も多いです。私もそうでした。私自身、働き始めて七年目で、多忙で自律神経がおかしくなり血液の病気になりましたが、療養後も舞い戻って出産するまで働きました。

生き物と芸術が好きな人にとっては、それらがミックスした花屋さんの仕事は「これ以上楽しい仕事はない！」くらい毎日楽しくて仕方がないでしょう。そして仕事が楽しいことこそが、花屋さんのすてきなスタッフの第一条件なのです。

花屋さんは、思ってもみなかった仕事内容にびっくりして、「こんなはずじゃなかった」とすぐにやめてしまう人も多いのですが、これはもう、本章でお話ししたことを「知らなかったから」だけではないかと思っています。

街には、楽しくなさそうにイライラと仕事をしている花屋さんも存在しますが、そんなスタッフがいる店からはお客は遠のきます。それは店の運営面にも悪影響ですよね。

そして、「自分だけでは抱えきれないくらい楽しい！　うれしい！　幸せ！　だから、みんなにこのすばらしさを伝えたい！」という気持ちが湧き出てくるからこそ、お客に「伝え、教えてあげることができる」ようになっていきます。最初は「自分が好きだから」から始まってもいいのですが、将来的にはスタッフとしてこの「教えてあげたい」という気持ちをぜひもってください。

詳しくは第2章でお話ししますが、「人に伝えたい、教えたい」という思いがあることも、人に花のすばらしさを伝える仕事である花屋さんにはとても重要なのです。もし、「自分は、自分ひとりで打ち込む世界に浸りたい」と気づいたら、育てること自体の仕事や、フラワースクールに通って自分が楽しむことのほうが向いているかもしれません。

水も土もカビも虫もどんとこい、花の手入れなら楽しくて仕方ない！ きれいなもの、色、デザイン、工作が好き！ とっても楽しいから、みんなに伝えたい！ そんなあなたが花屋さんの門を叩いてくれたら、私もとてももうれしいです。それは、あなたのおかげで「花を通して幸せになる人」が増える、ということですから。

▼喜ばれてうれしい！

ここでちょっと目線を変えてみましょう。

花屋さんは、作業として花の手入れや掃除をします。それは何のためでしょうか。きれいにラッピングした花束やフラワーアレンジメント、鉢植えを並べるのは、何のためでしょうか。「やれと言われるから」とか「そう決まっているから」という思考なら、花屋さんには就職しないほうがいいです。花の手入れや掃除をするのは、店を目にするお客が「わあ、すてき！ きれい！」と、店の存在だけで癒されるような空間を作るため。買って帰った花ができるだけ長くキレイに咲き続け、お客が「うれしい、買ってよかった！」と幸せになるため。そして、お客が花を贈った相手の人が喜び、花を贈ったお客も贈られた人もその家族も、みんなが幸せになるためです。

「自分自身が花のある暮らしが好きだから」「花を飾ったり贈ったり、花の手入れをすることで、私自身がこんなに幸せになれるのだから、このすばらしさをみんなに伝えたい！」と思う気持ちがあれば、こうした花のすばらしさを伝えたいという気持ちが形になった仕事を、自分からやりたいと思え、進んでやるでしょう。「自分が伝えたいから、喜んでもらいたいから」と自発的に仕事をするとき、仕事そのものが楽しくてたまらなくなります。

仕事を楽しくできることも幸せですし、自分が提供した情報やお花、店の空間をとても喜んでもらえて、わざわざお礼を言いに店に来てくれたり、自分あての手紙をお客からいただいたりすると、もっともっとうれしく、「本当に花屋さんの仕事をしていてよかった！」と実感するでしょう。そうして仕事が大好きになり、辞めたくなくなっていきます。花屋さんに十年以上長く勤めたり自分の店をもったりする人も多いです。

また、花屋さんはとても忙しく、オーナー（経営者）や店長がすべてを手とり足とり教えてあげるだけの時間がないため、なかなか細かく仕事を教えてもらうことができません。そんなとき、「自分がそうしたいから」する、忙しい店長に「これやっていいですか？」と逆に進んで言ってきてくれる、そんな気持ちがあるスタッフは、店のオーナーや店長にとってもうれしいスタッフであることは間違いありません。

あなたは、どうでしょうか？　もちろん、いますぐ自分がどうなのか、わかる必要はありません。いまお伝えしたことを頭において、これから、いろいろな花屋さんを見て買い物して回ったり、自分で花を飾ってみたり育ててみたり、フラワースクールに通ってみたり、花屋さんが開催する教室にも行ってみたりすると、自分が花屋さんに向いたタイプかどうかがきっとわかってくるでしょう。

5　花屋さんの仕事の厳しいところ

花屋さんの仕事自体は「好き！」であっても、「きついな」と思うことも出てきます。花屋さんで働くとよくある「厳しいところ」には次のようなものがあります。

▼一日中立っていて休憩がない（腰痛対策）

花屋さんは、出勤したときから帰るときまで、ほとんど座る時間がありません。

店が空いている時期や仕事がそんなにない日は、お昼休憩の時間は座ることができるでしょう。事務職や当番制のレジアルバイトなどと違って、花屋さんは、勤務シフトはあっても少人数で店のすべての業務をおこなわなくてはなりません。店内の掃除や花の手入れが終わらないと、新しい花が入荷しても、その水揚げや陳列、新しい花での商品作りができないので、前の仕事が終わらないと雪だるま式に「今日やらなくてはならない作業」が増えていきます。

お客が多いことは喜びですが、少人数の店にお客がたくさん見えると、しなくてはならない作業が滞ります。でも、作業はその日中に終わらせなくてはならないので、まず休憩時間が削られます。食事時間が遅れたり短くなったりということがよくあります。そんな日の昼食は、ゆっくり座って食べる時間はありませんので、体感としては「一日中立ちっぱなし」になります。

さらに重たい鉢のケースや水が入ったバケツを運ぶので、腰を痛める人がたくさんいます。無理な姿勢で重いものを持って動かないことのほか、普段から骨や筋肉に負担がない姿勢を心がけておくといいでしょう。骨盤用のガードルやコルセットを使ったり、足に負担がない靴やインソールを使うのも、自分の体をいたわる方法になります。

▼手が荒れる(手荒れ対策)

花には水が必要ですので、切り花であっても鉢植えであっても、水を毎日大量に使います。もちろん掃除にも使います。そのため、特に冬は手がひび割れやあかぎれになることが多いものです。ハンドクリームや保護オイルをこまめに塗ると対策になりますが、ベトベトするものは仕事ができなくなりますので、塗り込めばすぐにさらっとするタイプのもの、オイルなら天然のオリーブオイル、馬油などがおすすめです。

「バケツ洗い担当」のようにしばらく裏方で水仕事をするときは、ゴム手袋をはめて作業をするのも対策になります。

ひび割れができてしまったときは、天然の油脂でできた石鹸で手を洗い、夜寝る前にも天然のオイルを塗って、木綿の手袋をして寝るといいでしょう。ひどいときは、ひび・あかぎれ用の薬を塗り、ラップなどで巻いてから手袋をして寝ると、一晩でだいぶよくなります。ひび割れがひどすぎてつらいときには、仕事中もできるだけ手袋をつけるようにしましょう(お客がいるときは、はずします)。

また、爪の間に土や植物の汚れがついたり、手に植物のヤニがつくことも多いものです。爪の間の汚れは爪用のブラシで、やはり天然油脂の石鹸で洗うといいでしょう。手にべったりつくヤニ汚れも、やはり石鹸で洗うと落ちます。ゴシゴシ洗うと手の脂も落ちてしまうので、保湿とオイルも忘れずに。

▼冷えて体調を崩す

花屋さんは店が戸外だったり、窓や扉を常に開放したりしていることが多いので、冬はとても寒いものです。さらに水を使いますから、床の素材がコンクリートやタイルなどのことが多く、体が芯から冷えてきます。

保温下着や腹巻き、靴下の重ねばき、カイロ、ハイネックの服などで対策しましょう。最近の保温下着は高性能なので、上下とも着て靴下を重ねばきすればかなり防寒できます。下着でなら、店の制服がある場合にも対策できますね。

また、夏場でも、休憩時間には温かい飲み物を取るといいでしょう。

▼職人気質な環境

新しい花屋さんならばそうでもないことも増えてきましたが、特に昔ながらの店では「店長（経営者）絶対」「罵倒する」「何も教えない」といった、いまの時代、普通の会社ならありえないような環境も起こりえます。

環境が特にひどい場合でも、個人経営の店だと労働環境を法に訴えるのも現実的ではなく、仕事を辞めることになるでしょう。

ただ、よく見極めてください。「仕事を教えてくれない」「聞くと冷ややかに返される」ということだけなら、それは先輩や店長が仕事が多く忙しすぎるために、教えたり答えたりする余裕がなかったり、人に教えたことがないから教え方がわからなかったりといった理由であることも多いのです。むしろ、多くの場合はこちらにあてはまります。

そんな花屋さんで働き始めるなら、あらかじめ、おおよその花屋さんの仕事内容を知っておいて、自分からどんなサポートをしたら職場のみんなが働きやすいのか考えたり、「これをしましょうか」といった提言をしたりするなど、積極的に自分から動くようにすると、先輩たちも「あなたに親切に教えたい！」と思うようになります。

本書の後半で具体的な仕事内容について書いていきますので、しっかり予習しておきましょう。

▼「みんなが休むとき」に働く！（年末年始・ゴールデンウィーク・盆彼岸）

花屋さんには、忙しい時期があります。

店の立地にもよりますが、五月の母の日やお盆、お彼岸、年末などが、いわゆる普通の住宅街にある花屋さんが忙しい時期です（オフィス街の場合は、盆・彼岸や年末は人がいなくなるため母の日と年度末の三月が多忙になります）。この忙しい時期はちょうど、社会一般の連休「ゴールデンウィーク」「お盆休み」「年末年始」にあたります。つまり、周囲の人たちがみんな休んで家族で出かける時期が、花屋さんでは超多忙期＝休めないときになります。このことは、特に、すでに家族がある主婦が働きたいと思ったときにかなりネックになります。家族が理解してくれたとしても、お盆や年末年始は「パートナーの実家や親戚」も関係してきますので、主婦には悩みどころでしょう。

もちろん、ずらして休みを取ればいいので、帰省もずらせば可能ですから、花屋さんで働きたいときは、主婦は特に「いわゆる連休時には休めない」ことを家族とよく話し合ってください。

この忙しい時期こそが、花屋さんが「幸せな笑顔を生み出すとき」でもあります。花を使ってみんなを笑顔にする、その仕事に誇りをもっていれば、家族の休暇がずれることにきっと家族も納得して応援してくれるでしょう。

▼産休・育休の土台ができていない

働くうえで女性が気になることの一つに、産休や育休があると思います。花屋さんでも、株式会社が運営しているところは、法的にはもちろん対応しています。

ただ、実質的に、現場の慣習として体力的に厳しい仕事なので、妊娠後は早めに退職する人が多いですし、個人事業主の店舗の場合は特に、どうしても産休・育休というかたちでの休暇を与えることは難しくなります。

出産後は、子どもを預けることができる場合は、経営者や店長の同意が得られれば、短時間勤務で職場に戻る人もいます。店側としても、新しいスタッフよりも店の仕事をよくわかってくれているため、短時間勤務でも再雇用するケースはよくあります。

このような場合は、かたちとしては産休・育休に近く、出産するなら必ずやめなくてはならないということはありませんが、そのときの店の状況や経営者の意志に左右されますので、制度として整った産休・育休を期待することは難しいでしょう。

また、仮に産休・育休を取れる会社の場合でも、体力勝負の仕事、ゴールデンウィークや盆彼岸、年末年始に休めない、復職したとしても子どもの体調急変などで帰ると店に迷惑がかかる、フルタイムスタッフだったからこそ短時間勤務では不完全燃焼、といった理由から、すっぱりと結婚退職や出産退職する女性スタッフも多いこともお伝えしておきます（このような場合は、子どもが成長して手が離れたあとに再就職する人もいます）。

どの道を選ぶかは、自分自身の結婚・出産後のプライベートと仕事のバランスですので、自分でよく考えて選んでいきましょう。

第2章　花屋さんの仕事は実際にはどんな仕事なのか

1　花屋さんは花を売るのが仕事ではありません

「花屋さんは、花を売る店」。きっとあなたも、そう思っていることでしょう。確かに、花屋さんは「花」を販売します。けれど、実際に花屋さんで働こうというときには、「花を売るのが仕事」と考えていると、花屋さんがすべき本当の仕事にまで思いがいたらなくなってしまいがちです。

花屋さんがすべき本当の仕事とは、いったいどういうことでしょうか。

▼花を売ることが仕事ではない

花屋さんは、外から見るかぎりでは、花を並べて販売していますね。しかし、本質的な意味では、花をただ並べて売っていればいいわけではないのです。

たとえば、もしいま、次のような質問を受けたら、あなたは「はい」と答えられるでしょうか。

・あなたは、ふだん、自分で花をさっと選んで買うことができますか？
・「自宅のどこに、どんな花を飾ろう」とパッと決めることができますか？
・その「花を飾りたい場所」にピッタリの花を選ぶことができますか？
・飾ったあと、どのように手入れをしたらいいかわかりますか？
・傷んできたらどうすればいいか、わかりますか？
・花を育ててみたいと思ったとき、自分で、道具を選んで買うことができますか？
・自分の家の、どこで花を育てようか決めることができますか？
・選んだ場所の日当たりや温度、風向きに合わせた植物を、自分で選ぶことができますか？
・いくつか植物を寄せ植えにしたいと思ったとき、自分で、環境に合う植物たちを、見た目もよく組み合わせて選ぶことができますか？
・植え付けのしかたはわかりますか？
・植えたあと、どのように手入れをしたらいいか、わかりますか？

・大変お世話になった方に花を贈りたいと思ったとき、先方に失礼なく、でも気を遣わせない程度の贈り物を自分で選ぶことができますか？
・相手の方がどのような花だったら喜んでくれるか、自分で決めることができますか？

これらの質問に、すべて「はい、できます！」と答えられる方は、ほとんどいないでしょう。

「花屋さんは、花を買ってもらうのが仕事」、それは、間違いではありません。しかし、花屋さんで花を買ってもらうためには、お客が自分で、先ほどの質問にすべて「はい！」と言えなくては買うことができないのです。

「花を買ってもらう」と書くとひとことですが、その「花を買う」という行動を取ってもらうために、花を売る前に花屋さんがすべき仕事がほかにたくさんあるのです。

▼花との暮らしを手伝い、支えるサポーター

先ほどのたくさんの質問、あの質問の数々に答えてくれるのが花屋さんです。

花を家に飾ったり、花を家で育てたり、大切な人に花を贈っ

たり……。それは、ほとんどの人が「やりたい、やってみたい、そんな日々が送れたらなんて豊かで幸せなんだろう」と思っていることだと思います。でも、「わからないから実現できない」と足踏みをしている人が多いのが現状です。

ひと昔前、昭和のなかごろまでは、家で植物を育てて、その植物を切って家のなかに飾るのは、当たり前のことでした。ですので、昔はみなさん、前述の大量の質問に「はい」と答えることができましたし、自分ですべてやることができていたのです。この状態ならば、花屋さんは、花を並べておけば売れたでしょう。

ところが、時代は移り変わっていきます。団地育ちの人が増えた昭和の後半からは、花を育てたことがない、飾ったことがない人が格段に増えました。それは、ただ花が並んでいるだけでは花を買うことができない人が増えたことを意味します。

そして、キレイだなと思って買っても、まず運び方がわからないために、自宅に着くまでの間に傷んでしまったり、手入れができないためにすぐに傷ませてしまって、せっかく花を買ってくれても「もう、花なんて買わない」となってしまったりする可能性が高いことも意味します。

こういう時代、もう花屋さんは、ただ花を並べていれば売れる店ではありません。花屋さんは、「花を買うことができる人」つまり「お客になることができる人」を、まず育てる必要があります。そのためには、花の選び方や組み合わせ方、家のどこに飾ればいいのか、手入れはどうするのか、といったことを、まったく初めての人にもわかりやすく教えてあげなくてはなりません。

鉢植えに関しても、同様です。どんな場所にどんな植物が向いているのか、世話はどのように考え、どのようにやるのか、どんな道具をどう使うのか、といったことをわかりやすく教えます。

花屋さんは、花のことなら何でも教えてくれるプロフェッショナルがいる場所であり、花と一緒に暮らしたい人を、実際に花いっぱいの暮らしを送ることができるようにサポートしてあげる仕事、ということになります。

いま、「自分にはそんなこと、とても無理！　だってわからないもの！」と思ったかもしれませんね。でも安心してください。花屋さんに就職をする時点で、すべてわかっていてお客に説明できる必要はありません。花が好きで、世話が好きで、みんなに花のある暮らしのすばらしさを伝えたい！という気持ちがあれば、仕事をするなかで身についていきます。働き始めて一、二年の間に、本当に何でも答えてあげることができるプロフェッショナルになる！と思って就職すればいいのです。

▼花を使って気持ちを届けるコーディネーター

花が好きな方でもなかなかわからないのが、花を贈る場合の適不適や、相手が喜ぶ花の選び方です。

これは、基本的な花贈りのマナー（後述）に加え、花ごとの特性（水が下がりやすい、散りやすい、長持ちする、暗いところでも見えやすいなど）を考慮して選んでいきますが、プロならではのコーディネートを要する部分です。

さらに、贈るときの状況（外出中、バイクに乗って帰る、出演者が打ち上げまで持っていってから電車で持ち帰る、など）を踏まえて、ぴったりの仕様、ぴったりの花種、相手好みの色合いやイメージを考慮して、花束やアレンジメントを作り上げる、その仕事はまさしく花のコンシェルジュです。

この領域の仕事を自信をもってできるとき、花屋さんの仕事にとても大きな誇りを抱くことでしょう。そして多くの花屋さんのスタッフは、この仕事を楽しすぎてやめられなくなります。世界で一つのオーダーメイドを作り上げる過程そのものもとても楽しい仕事ですし、なおかつ、花をオーダーしたお客にも贈った相手の方にも喜んでいただけて後日お礼を言いに店まで来てくれる、となるともう、うれしくてたまりません！

もちろん、こちらも「いまは無理」でかまいません。仕事をするなかで、花ごとの特性を覚え、オーダーメイドの受注を覚え、花束やアレンジメントの製作を覚え、さらなるプロの領域を覚えていく段階で身についていくものです。いまできないからといって、恐縮する必要はまったくありませんので、安心してくださいね。

ただ、「そういう仕事ができる人間になるぞ」と思って働くか、ただ言われた作業をこなすように働くかでは、成長の度合いに大きな差が出ることはおわかりいただけるでしょう。

あなたはぜひ「本物のプロフェッショナルになるんだ！」と思って、花屋さんの門を叩いてください。

2 花屋さんは、花を扱う仕事のうちの一つ

さて、いま花屋さんの仕事の本質をお話ししましたが、ここで、もっと大きな視点から花屋さんという仕事を見てみましょう。

花屋さんは花を販売する小売という業態ですが、花を扱う仕事はほかにもいろいろあります。そこで、花を扱う仕事にはほかにどんなものがあるかをお伝えします。花屋さんという仕事の立ち位置を知ることで、「対お客」だけではない、「花屋さん」という仕事の意味をもっと理解できるようになるでしょう。

花に関わる仕事は、大きく分けて開発研究、農産、流通、教育、販売の五種類があります。順番に詳しく見ていきますね。

▼開発研究

開発研究って何?、と思うかもしれません。普段はあまり気にすることがない領域ですが、花屋さんで売っている花は、野生の花そのままではありません。最初は野の花ですが、そのなかで人が「きれいだな」と思った花を研究して、より大きな花を咲かせたり、よりきれいな色になるようにしたり、ほかの色を生み出したり、病気や虫に弱い花を強くして育てやすくしたりして、花屋さん

に並ぶ種類の花を生み出します。どうしたら大きくてきれいな花が咲くのか、どうしたら病気に強くなるのか、どうしたら違う色の花を咲かせることができるのか、ということを研究して、試行錯誤して新しい植物の品種を生み出すのが、開発研究の仕事です。

いまは自然交配で新しい品種を作るほか、遺伝子組み換え技術によって新しい品種を生み出したり、細胞培養によって株の数を増やしたりもしています。

こうした技術は、大学の農学部や獣医学部、理学部などで学びます（一例です。どの大学でどのような内容を学ぶことができるかは、各大学の資料で調べましょう）。

開発研究

このような品種開発・改良は、種苗会社や農産物開発試験所などでおこなわれています。野の花にはない大きな花、きれいな花、色鮮やかな花が手に入るのは、こうした品種開発・改良といった仕事があるからです。

▼農産

いわゆる農家です。開発された品種を開発元から購入して、育てる役目を担います。開発されたばかりの品種は、市場に供給できるよう安定した生産が可能になるまで数年かかります。

花として売るためには、見た目がきれいでなくてはなりません。カビも虫もついていないきれいな花を咲かせる努力は大変なものでしょう。花屋さんに花が並ぶのは、農家の方々が毎日毎日、常にきれいな花が採れるように丹精込めて育ててくださっているからこそです。農家なくして、花を販売することはできません。

農業は、必ずしも大学などで学ばなければできないというわけではありませんが、農場の後継者は農業高校や専門学校、大学の農学部で学ぶことが多いようです。

農産

流通

▼流通

農家が作った花をトラックに積んで市場に運ぶ運送業や、花を花屋さんや園芸店といった販売業、フラワースクールなどの教育業に提供する生花市場が流通の仕事にあたります。

最近は、市場を通さず、農家が教育業や販売業に花を直接卸したり、消費者に直接販売・発送することも珍しくありませんが、このような場合も、運送業者が流通を担っています。やはり、

教育

運ぶ人なしで、花を売ることはできません。

▼教育

フラワースクールや専門学校が教育業にあたります。販売業との違いは、技術や知識を教えるのがメインであることです。知識や技術を教えるなかで、教材として花を生徒たちに提供します。

▼販売

こうして開発・生産された花を、いよいよ一般の消費者に向けて販売するのが、花屋さんを含む販売業です。開発し、丹精込めて育て、運ばれてきた花には、開発した人、育てた人、運んだ人の思いが詰まっています。その花を消費者の手に届けるのが販売する人です。花を販売して、お客が喜ぶこと、贈った花が喜ばれることは、その花を生み出した人、育てた人、運んだ人も喜ぶことになります。

ただ並べて売るのが仕事と思っていると、なかなかこのようなことまで思いがいたりませんが、花を売ることは、その花を生み出し、育て、運んでくれた人たちの思いも、花を見てくれる人に届けるということ。贈り物の場合はさらに、花を買う贈り主の思いを相手の人に届ける役目も担います。花屋さんは、こうした「思いの橋渡し」をする役目なのです。

花をできるだけ質のいい状態で、できるだけ適切なコーディネートで、見る人の手元に届けてあげたいですよね。

また、ひとくちに「花を売る仕事」といっても、さまざまな形態があります。

次に、花を販売する仕事のいろいろな形態を見ていきましょう。

あなたが花を売る仕事に就きたいと思ったとき、パッと、ギフトがたくさん並ぶ花屋さんが目に浮かぶかもしれません。しかし、花を売る店は、あなたが思うよりもきっとたくさんあります。こうしたいろいろな選択肢があることを知ると、もっと幅広い視点で就職する店を探すことができるでしょう。

園芸・造園

3　花を販売する仕事の種類

▼園芸・造園

園芸・造園分野をメインにおこなう販売業です。

店構えとしては、店頭に苗物や土、鉢、フェンスなど、庭づくりに関する商品がずらりと並びます。苗物や資材類を販売するほか、寄せ植えの製作や庭作りそのもの、庭の管理などを請け負うこともあります。

▼デザインスタジオ

テレビスタジオや店頭、イベント会場の生け込み、ブライダルなどの大きな花飾りを専門で請け負う、主にフラワーデザイナーが働く場所です。

デザインスタジオの場合、一般向けの小売りをしていないところでは、外から見てもそうとはわかりません。そのため、歩いて探すよりもインターネットや花の専門誌、求人情報を見るほうが探しやすいでしょう。

デザインスタジオで働きたい場合は、まったくの未経験では厳しいでしょう。花屋さんなどでの実務経験やフラワーデザイナーの資格があるなど、すぐに仕事ができる経歴があったほうが受け入れられやすいでしょう。

デザインスタジオ

▼結婚式場

憧れる人が多い、結婚式場内のフラワー担当（式場内の部署のこともあれば、式場が場内に花屋さんを招致していることもあります）。

すてきな仕事ですが、結婚式全体、および花嫁・花婿の衣装とのトータルコーディネートを考えることになります。また、「結婚式」というお客の生涯で最高になるだろう記念日を担う仕事ですので、それだけの責任もあります。

結婚式場のフラワー部署や式場内の花屋さんで「結婚式のブライダルブーケや装飾花」をしたい！という場合は、まったくの未経験では厳しいでしょう。その前に、結婚式の花を作ったことがある花屋さんなどでの実務経験がないと、いつまでも配達や掃除担当のまま、ということもありえます。

花の仕事やフラワーアレンジを作った経験がない方は、はじめての就職口にはおすすめしません。まずは、普通のアレンジメントが臨機応変に作れるようになることを目指しましょう。

結婚式場

▼葬祭場

結婚式と同じく、葬祭場のなかの「花部門」として組み込まれている場合と、葬祭場が出入りの花屋さんを使っている場合とがあります。結婚式と違って、基本的に固定の形式・組み合わせがあるのが葬儀の花の特徴ですが、最近は故人の好きな花で見送ることも増えていて、そのバリエーションも増えてきています。

結婚式同様、大切な日である儀式の花を請け負う仕事です。花があることで見送る人々の心が和らぐ、大切な役割を担っています。

「花の仕事をしたい」とはじめて思う人はなかなか候補に挙げないのですが、花がもつ癒しの力を大きく発揮する場所でもあります。

葬祭場

▼リース（レンタル）

リース（レンタル）なんてあるの？と思ってしまうかもしれません。普通に暮らしていると聞き慣れないでしょうね。

でも、職場ではいかがですか？オフィスやレストラン、ビルなどには、観葉植物が常にありますよね？　いつもきれいですよね？　種類がときどき入れ替わったりしていますよね？あの観葉植物を貸し出したり、手入れをしたりするのがリース業です。

最近は、観葉植物のほか、長く飾ることができるプリザーブドフラワーやシルクフラワー（造花）で作ったアレンジメントを貸し出す場合も多いです。貸し出しと管理がメインになりますが、リース業というものもあるのです。

▼卸売り（仲卸《なかおろし》）

市場と花屋さん、フラワースクールの間をつなぐ業者です。

生花市場では、花の販売単位が大きいのです。ランやユリなどの高額な花は十本単位、菊などは百本二百本単位になります。そうすると、規模が小さい個人店舗や個人運営の教室では到底使いきることができません。

そこで卸売業者が、市場から百本二百本入りの箱を仕入れ、それを十本二十本といった小さな単

リース

卸売り

花屋

位にばらして販売してくれます。

基本的には、花屋さんや教室など事業者向けの販売をするのが卸売業ですが、最近はインターネットの普及で直接個人が購入することもできます（あくまでも市場出荷形態のままの販売ですので、購入後に水を吸わせる作業が必要です）。

▼花屋

そして、いわゆる花屋さんがあります。

実は花屋さんは、特に固定業務がないのです。制限がありません。ということは、いまお話ししてきた園芸も結婚式も葬祭もリースも、さらには教室も活け込みも、やっていたりします。

もちろん店によって、どの業務をやっているかは異なります。店ごとに、やっている仕事、いない仕事が違うのです。ここが、就職口として花屋さんを見るときの一つのポイントになります。

それでは次に、「どの業務を選んだか」で、花屋さんのスタイルがどう変わってくるかを見ていきましょう。これが、花屋さんごとの特徴・違いになっていきます。

4 業務・商品・お客を選ぶことでさまざまなタイプの花屋さんができる

▼いろいろなタイプの店がある理由

ひとくちに花屋さんといっても、花屋さんには「必ずコレをしなくてはならない」といった制限がありません。そこで、店ごとに「この店ではこうしよう」という方針を決めていきます。

先ほど出てきた園芸、結婚式、葬祭、リース、教室といった仕事の種類を選ぶことが一つ。そしてもう一つ、「切り花を売る」という部分に関しても、どのような目的の切り花を、どのようなパッケージにして売るのかを選ぶことによって、店の方向性が出てきます。

店の方向性は、オーナー（経営者）や店長が「この店は、こういう人のための、こういう店にしよう」と考えることで決まってきますので、店を運営する人一人ひとりの考えによって違います。

逆にいうと、違うからこそ、その違いが店の特徴になり、こういう目的で花がほしいと思ったときの選択肢に選んでもらいやすくなります。

主な店の特色には、次のようなタイプがあります。

▼束売り店（束屋）

先の卸売りに近いですが、一般のお客向けのタイプです。

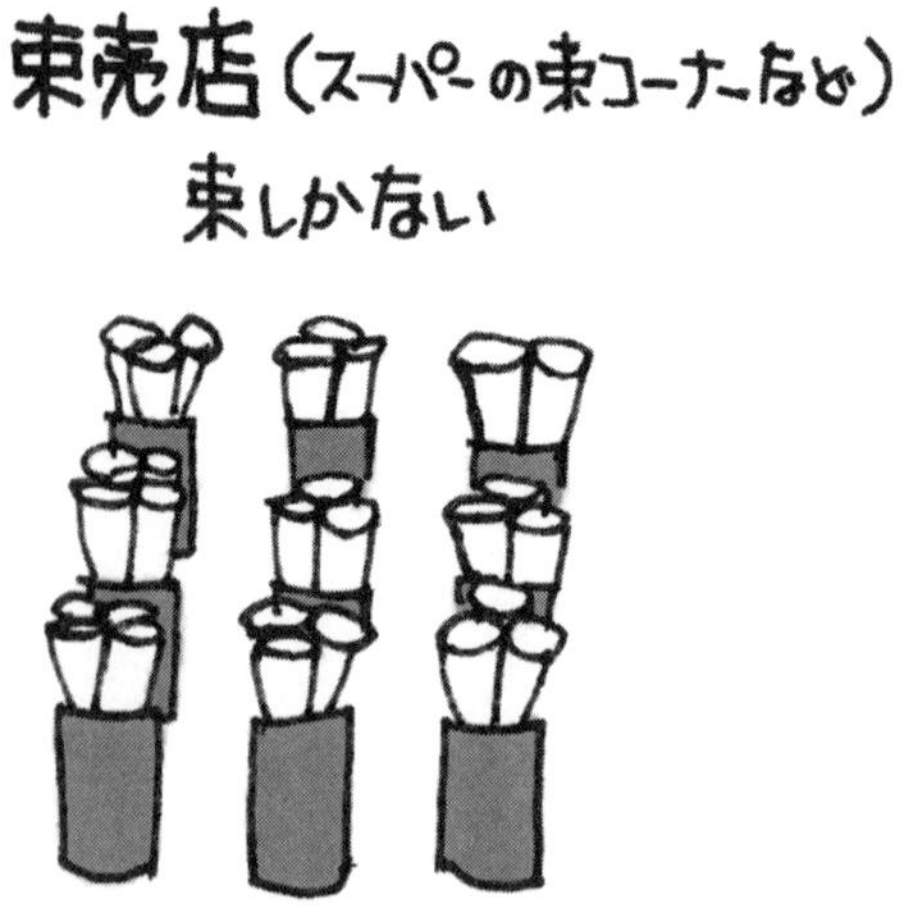
束売店(スーパーの束コーナーなど)
束しかない

一般の人向けに、仕入れた花に水を吸わせ、ある程度の葉やトゲを取る、といった処理をした花を束にして販売します。

同じ花を一本から数本束ねた束やオーソドックスな組み合わせの束、お供え用の束が定番です。

作業場だけで店をもたず、スーパーマーケットやホームセンターなどの束売り花コーナーに卸す場合もあります。

▼自宅用・お供え用店

束売り店と同じく、自宅用に束にしたものも販売しますが、店をもち、ばら売りにも対応する店です。

ギフト用にデザインすることは苦手で、自宅用に「自分で花を選んで買うことができる人」向けに販売します。昔ながらの街の花屋さんはこのタイプの店も多いでしょう。

▼ギフト店

逆に、ばら売りや自宅用の束を置かず、ギフト仕立ての商品だけを取り扱う店です。

駅前や駅中、オフィス街など、「ギフトやキレイに仕立てられた花を急ぎで要する人」が多い場所に店を構えます。

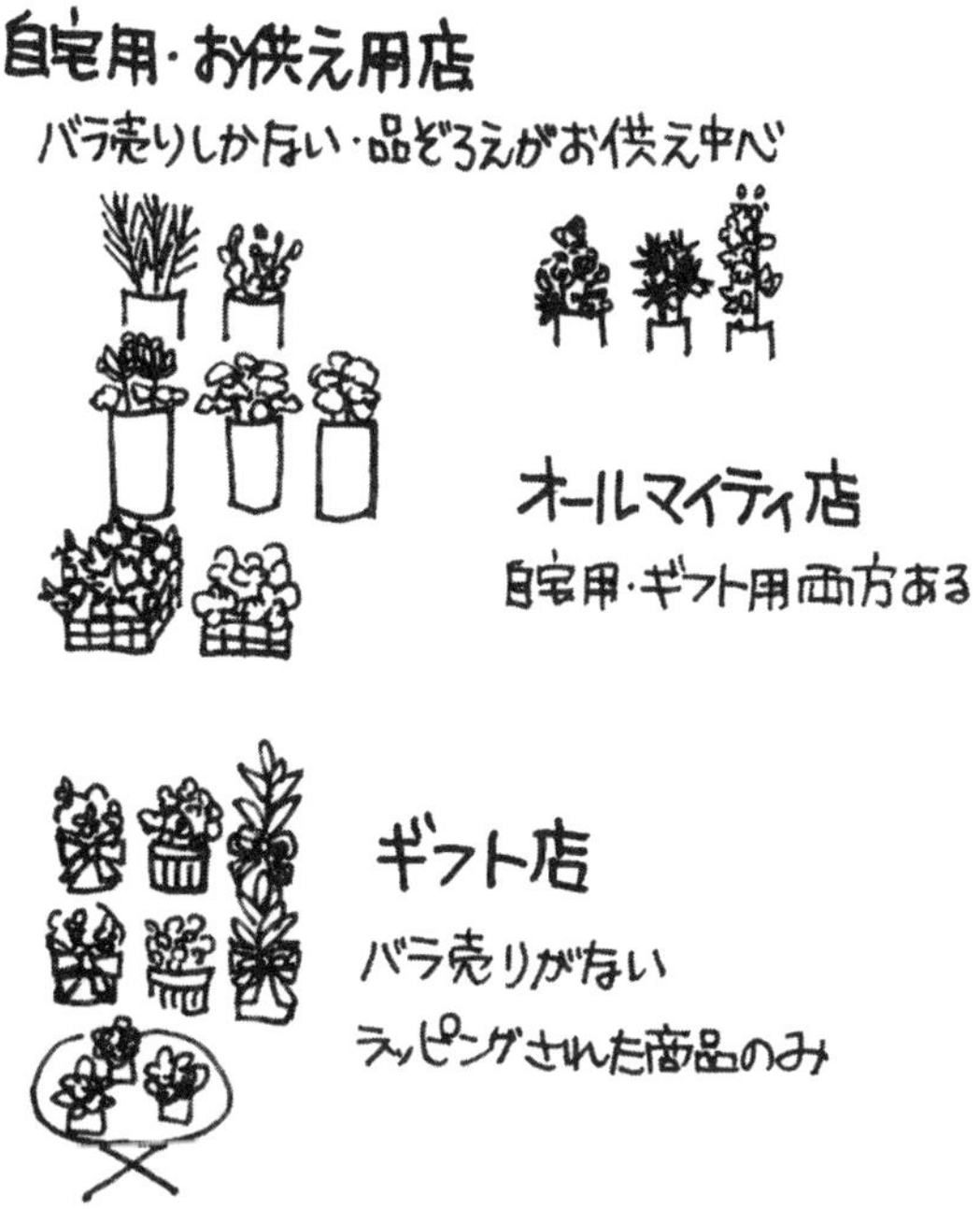
自宅用・お供え用店
バラ売りしかない・品ぞろえがお供え中心
オールマイティ店
自宅用・ギフト用両方ある
ギフト店
バラ売りがない
ラッピングされた商品のみ

▼オールマイティー型生花店

いわゆる花屋さん。ばら売り、束売り、ギフト、鉢物の主に四ジャンルを取り扱います。店売りのほか、リース業、教室、ブライダルをおこなっている店もあります。価格帯や扱う品、作るデザインなどはさまざまで、この違いが店の特色になります。

はじめて花屋さんで働く場合は、すべてを取り扱うオールマイティー型の花屋さんで働くのが、いろいろな業務を学べるのでおすすめです。

▼高級店

ばら売りもギフト仕立ても鉢植えも扱う花屋さんですが、価格帯が上のケースです。

高級店

オールマイティ〜ギフト型で高級な商品のみを扱う

花の種類が高級なものや珍しい品種、品質がいい花を扱い、花を生ける器などの資材も上等なものを使った高級路線の店。高級住宅街、高級店が並ぶ通りやオフィス街に見られます。

▼鉢中心店

園芸・造園に近いタイプで、主に苗や鉢植えを入荷しますが、園芸品を売るホームセンターや園芸店との違いは、自宅のインテリアや贈り物として、見た目を美しく整えた鉢物を扱っていることです。寄せ植えや鉢アソート（商品区分に関しては第3章を参照）、美しい鉢に植え込んだ鉢植えを扱います。

園芸店がギフトを充実させている場合もあります。

▼専門店

専門店は、さらに商品の範囲が狭い店です。鉢植えの場合は盆栽専門店、苔専門店、ラン専門店といった、扱う植物の種類を特化した鉢専門店があります。

愛好家が多いバラやユリ、ランなどは、「鉢植えも切り花もすべてバラ」といった具合に、種類を限定した専門店があります。

また、変わったところでは、白い花専門店のように色を限定した店もあります。

▼花色やデザインのイメージも個性

花の種類や色を一つに限定まではしなくても、店によって、スタッフおすすめだったり、スタッフが得意な色の組み合わせやフラワーアレンジのデザインがあったりします。そうした点を打ち出して、仕入れる花の雰囲気や色味、仕立てのデザインといった部分で「この店の商品は○○なイメージ」を作っている店もあります。淡い色でフリルやレースをイメージしたかわいらしい雰囲気を打ち出す店、シックな色合いで、キリッとカッコいいデザインのアレンジメントを打ち出す店といったケースです。

こうしたイメージは、切り花や鉢植えといった商品形式やブライダル、ギフト用といった用途に加えて、プラスされることが多い要素です。

これらの特色を打ち出すことで、店の個性が生まれます。

5 店のタイプごとに店の仕事も変わる

▼だから仕事が変わってくる

このように、それぞれの店が「自分の店は、こういう人のためにこういう品やサービスを用意する」と決めていくと、店ごとにおこなう作業も当然、変わります。

ということは、実は花屋さんすべてに共通の専門作業は植物の手入れくらいで、あとは、ほかの接客業と同じ接客対応、店の清潔を保つといった業務しか共通点はありません。

働く店を選ぶときは、仕事内容がどんなものになるのかも考えてみましょう。もし、将来、歩みたい方向性が決まっているのなら、働く店も同じ方向性のうえにある店を選ぶほうがいいことはいうまでもありません。

▼例1：園芸店の場合

園芸店が仕入れるのは、基本、根がついた鉢物、または球根や種、園芸資材です。

切り花を扱わない店では生花アレンジメントは作らないので、切り花デザインの業務はありません。そのかわり、鉢植えや球根・タネの植え付け、肥料、水やり、刈り込みといった育て方を覚え、お客にわかりやすく伝える仕事があります。

また、鉢物のラッピングや寄せ鉢・寄せ植えをきれいに作る技術を身につけていくことになります。

▼例2：束屋さんの場合

束屋さんでは、やはりフラワーアレンジメントを作る機会はあまりありません。

まずは仕入れた花の手入れ（下葉を取って水を吸わせます。詳しくは第3章で）。それから、花一種類の束、お供え用束、セット束を作り、配達して古い花を手入れして入れ替える、といった業務です。

自店の店舗がない場合はほとんど納品だけなので、接客がありません（納品中に声をかけられることはあります）。

フラワーアレンジメントの技術は会得できないかもしれませんが、どんな店でも必要な花の手入れから束作りという基本作業のエキスパートになれます。

最近は、ミニブーケや小さなアレンジメント、小さな鉢ギフトを束屋さんが納品することも増えてきているので、小さなギフトなら製作することもあるかもしれません。

▼例3：ギフト店の場合

ギフト店の場合は、基本的にすべてギフト仕立てにして陳列しておき、並んだ商品を手に取ってもらう形式のため、手早く、同じスタイルの商品をたくさん作る作業があります。お客の希望に沿ったオーダーメイドを作る場合もあります。

花束やフラワーアレンジメントを常時製作するので、その技術と速さが上達するでしょう。花屋さんになりたい人が、最も「花屋さんの仕事」として想像している仕事をおこなう店かもしれません。

▼例4：結婚式場内の花屋さんの場合

まずは、ホテルや結婚式場のスタッフとしての立ち方や声の出し方、接客応対を身につける必要があります。

ブライダルブーケや大きな会場装飾をおこなうので、ある程度通常のフラワーアレンジメントを作れる技術をもっていないと業務ができません。また、忙しい会場ほど、結婚式のフルセット（ブライダルブーケ、新郎・新婦席の花、ケーキまわりなど会場の装飾、各テーブルの花、贈呈花束）を一日に何組分も製作するので、ブライダルブーケやフラワーアレンジメント作りの速さも身につきます。

▼例5：オールマイティー型生花店の場合

いま紹介したすべての作業をおこないます。

さらに、スクール運営やリース業などをおこなっている場合はその業務も覚えていくことになりますので、覚える仕事量が半端なく多くなります。

そのかわり、一店舗に勤めるだけで、花の手入れも束作りも、花束、アレンジメントの製作も、鉢植えの手入れ、寄せ植えも、ブライダルブーケ、会場装飾、教室運営といった花の販売に関連する業務のほとんどを身につけることができるので、花の仕事全般をマスターしたいと思うときにはとても効率がよくなります。

幅広くいろいろな仕事を覚えることができるので、はじめて働く店としておすすめのタイプです。

しかし、逆にいうと、覚えなければならない業務がとても多いため、一つひとつやっていかないとパンクしてしまうタイプの方には厳しいかもしれません。もしあなたがゆっくり進むタイプなら、束屋さんや仲卸など、業務が限られた業種から始めてみるのも一つの道です。

6 店の運営形態によっても仕事が変わる

▼運営形態とは

店を経営する人がどのような事業形態で運営しているか、です。

これまではあまり考えたことがないかもしれませんが、働く場合は、環境が大きく違ってきますので、それぞれの場合の特色を知っておいたほうがいいでしょう。

▼個人店

個人で経営している店です。

形態としては個人事業、有限会社、株式会社がありますが、基本的にオーナーがイコール店長で、店の切り盛りをおこなっている場合です。

個人店の場合、オーナーの仕事のやり方に沿って働くことになります。オーナーがそのまま、作業もおこなう技術者ですので、多忙で、スタッフに教えてくれる時間があまりないでしょう。また、おそらく一人あるいは二人程度でオーナーのサポートをすることになりますので、店の全業務を担うことになります。

店長がどの程度教えてくれるか、あるいはスタッフの人数にもよりますが、まったく初めて働く場合は、仕事がわからなすぎるうえに、やらなければならない仕事も多くて大変かもしれません。

また、その特性上、オーナー（店長）との相性がすべて、といってもいいくらいですので、個人店で働く場合は、面接してくれる店長と気が合うかどうかが最も重要になります。

個人経営のため、労働条件に関する契約書を作らないなど、細かな手続きが省かれてしまう可能性もありますので、ある程度はしっかりと書面に起こしてくれる店主を選んだほうが安心かもしれません。雇用保険の加入などについても、よく話し合ったほうがいいでしょう。

▼家族経営など小規模店

家族・一族で経営をおこなっている店です。

事業形態としては、個人の場合と同じく個人事業、有限会社、株式会社のケースがあります。

スタッフの人数には少し余裕が出てきますので、「いきなりすべての業務を負担！」というようなケースは少なく、段階を踏んで仕事の幅が広がっていく場合が多いでしょう。業務を教えてくれる人もいることと思います。

ただ、教える人が複数になることが多いため、人によって指導内容が違うケースがままあります。その際、「オーナーのお母さんとお姉さん、どちらの言うことを優先するか」といった悩みが出てくる可能性があります。ストレートに、オーナーやみなさんに「三パターンの方法を教わりましたが、どういうときはどの方法、といった使い分けがありますか？」といったことを質問できる雰囲気であれば楽しく仕事ができると思いますが、店の雰囲気が険悪な場合は聞くこともできず、その日の指導者と違うやり方をすれば怒られる、といったケースもあります。なので、仕事を探すときはいきなり履歴書を持っていく前に一度はお客として店を訪れ、「あなた自身がこの店に通いたいか」、店の雰囲気をチェックすることをおすすめします。

あなた自身が通いたい店で働くほうが楽しく仕事ができますし、店もにぎわいますし、気軽に先輩に質問でき、仕事のスキルもどんどん上達するでしょう。

店の雰囲気をあらかじめ確認しておくといいのは、個人店でも企業経営店でも同じです。

▼企業経営店

株式会社が経営する店です。店舗数は企業によって異なりますが、基本的に会社を通して雇用や研修がおこなわれ、店舗に配属されるという、一般企業と同じスタイルです。そのため、異動や転勤があります。

花屋さんになりたいと思って就職する場合以外に、「別の事業部にいたが、来月から突然花屋に部署異動になった」ために花屋さんになる、という場合もあります。

一般常識・接客応対は、会社が研修をおこなってくれるため、きちんと学べる場合が多いです。基本的に雇用保険や健康保険、厚生年金にも加入できます。会社には人事監査が入りますので、勤務条件（シフト・残業・有休など）も、守られる場合が多いのでその点でも安心できるでしょう。

会社の規模が大きいほど、「各店でおこなう仕事」が割り振られ、仕事が細かく分担されているケースが多くなります。

別に仕入部、束作成部、経理部、企画部といった専門部署がある場合、店では仕入れや束作り、経理、商品企画などはおこなわないため、別部署の仕事は経験ができなくなります。

しかし、まったく経験できないわけではありません。別部署への転勤・異動がありますので、別部署の仕事がしたい時期になったら「異動を願い出る」こともできるでしょう。

先にもお話しした「自分は一度にすべての店舗の業務を学ぶとパンクしてしまう」と思う場合、業務が限られた業種を選ぶことも一つの道ですが、一見オールマイティー型生花店であっても、このような分業制の会社に就職して一つひとつマスターするのもまた、一つの考えになります。

第3章　花屋さんの日々の業務

1　一般的なオールマイティー型花屋さんの業務

それではいよいよ、具体的な花屋さんの毎日の仕事の中身を見ていきましょう。

ここでは、切り花も鉢植えも扱う、一般的な「オールマイティー型」花屋さんの仕事を紹介します。

まず最初に、花屋さんの仕事を「一日」「一週間」「一年」の三パターンのスケジュールに分けて考えていきます。

「それってどういうこと？」と思うかもしれませんね。では、「学校」を思い浮かべてみてください。学校には、「一日の流れ」がありますね。登校して、朝の会があって、一時間目から四時間目、お昼休み、掃除、五、六時間目、そして帰りの会、下校となります。

では「一週間の流れ」は？　そうです、時間割がありますね。月曜日から金曜日まで、どんな順番に何をやるのか、決まっています。もちろんそのつど変更はありますが、基本的に毎週、同じ流れになります。

「一年間の流れ」はどうでしょう。そう、学期やイベントがありますね。「一学期」「二学期」「三学期」「一学期と三学期に遠足」「二学期に運動会とお祭り」といった年間スケジュールが決まっています。

もし、これらの「一日の流れ」「一週間の流れ」「一年の流れ」が決まっていなかったら……？

一年分として予定していたすべての学習内容や行事を終えることができるでしょうか。

なんとなく学校に集まって、なんとなく、いまは国語かな、いまは理科かな、と教科書を開いても、一年が終わったときにすべての教科書の内容を終えているのが難しいだろうことは、きっとあなたにも想像できるでしょう。そして気がつけば、「お祭りできなかった」「運動会がめちゃくちゃだった」ということになってしまうかもしれません。

このように、学校に照らし合わせると、よくわかるでしょう。店も、まったく同じです。

基本的に毎日何をするか、一日の流れがあり、曜日ごとに何をするか、一週間の流れがあり、そして一年のうちに何をするかのイベントスケジュールがあります。

店の運営がきちんと回っている店には、ほぼこの「三つのスケジュール」があり、スケジュールに沿って仕事をしています。

本章では、三つのスケジュールごとに仕事を見ていきます。裏を返すと、まったく予定を立てず、なんとなく目の前の作業をこなす店も存在します。そういう店は見分けることができますので、働く店を選ぶ際には見分けてから応募するといいでしょう。店の見分け方は、第6章でお話しします。

2 花屋さんの仕事サイクル：一日

それでは、花屋さんの一日の仕事の流れを見ていきましょう。

いまからお伝えする作業内容はあくまでも一般的な例です。具体的な内容は私がスタッフに指導していたことをお伝えしますが、細部は当然、オーナーや店長によって異なります。実際に店で働く際には、オーナーや店長の指導内容をよく聞いてください。「実際に働く前の参考にする」「指導してもらえない」などで店の指針がわからない場合の参考にする、といった形でお使いください。

▼開店

これは想像しやすいでしょう。開店時間の三十分から一時間ほど前に出勤し、店を開ける準備を

花屋さんの1日

市場の
入荷品
チェック
AM6:00
セリ、引きおとし仲卸
で買った花を集める
AM9:00
FLOW
AM
9:30
店の開店準備
品出し
水やり
そうじ
手入れ
AM10:00
店の開店&
仕入れた花を積んで
お店に向かう
PM12:00
仕入れた花を
水揚げ・手入れ
この間も
店は営業中!
PM1:00
はいたつに
いってきまーす
その間も営業中!
PM2:00
水があがったら
キレイに陳列
この間も営業中～
宅急便配送の
品をつくる
PM3:00
次の仕入れで必ず
いる花をパソコンで
予約注文
PM5:00
店頭販売用の
ミニブーケ・束
アレンジ等をつくる
その間も営業中!
PM8:30
レジしめ・
本日の
売上管理
帳簿つけ
閉店作業
そうじ・整理
翌日の準備

します。主な作業内容は以下のようなものです。

・前日からの引き継ぎ内容を確認
・予約・配達・配送商品の確認（作成）
・釣り銭の準備とレジ開け
・シャッターを開ける
・店の外をきれいにする
・店外陳列の商品を出してきれいに並べる
・その際、傷んでいる商品を下げる

ここまでおこない、「きれいな商品がきれいに並んでいる」状態で、開店時間を迎えます。

▼鉢物の手入れ（水やり・手入れ）

鉢の水やりは、夏も冬も、基本、朝一番です（夏場は夕方を追加します）。そのため、鉢植えを扱う店では、開店したらまず、鉢物の水やりをしながら手入れをおこないます。

開店前に、明らかに傷んでいる商品は下げますが、ほかにも傷みがあるかもしれません。一鉢ずつ、土の乾き具合を見て水をやりながら、株の状態をチェックします。

一つひとつ花がら（花が咲き終わった部分）を摘む、折れた部分を切るなど水やりをしながらおこない、手入れが大変そうなものはいったん店頭から外して裏に下げます。

「店頭から下げる」とは、お客には見えない場所・作業場所に商品を移動して、見せない、販売しない、ということです。

状態が悪い花をお客に見せているとほかのきれいな花も悪く見えますし、状態が悪い花を売っていることはお客に親切とはいえません。そこで、鉢植えの場合は「お客の手元で二週間楽しめない状態」だと判断したら、店頭から下げてお客に見えなくするよう私は指導しています（切り花の場合は五日）。

すべての鉢植えの土の状態をチェックし、植物ごとに適した量の水を与え、手入れが終わって、「お客の手元に旅立つのに適当」な商品だけが店頭にきれいに並んだら、一区切りとなります。

手入れの際に散らかった葉くずや泥汚れなどをきれいにして終了です。

参考までに「必要なスキル」を挙げますが、これらのスキルは、働きながら身についてくるものですので、応募時に必要というわけではありません。その点は安心してくださいね。

実際に働き始め、これらのスキルを身につけたうえで、ポイントに気をつけて仕事ができるようになると「一人前」ということです。

＊必要なスキル

・植物の基本的な扱い方がわかる（花がらの摘み方、剪定のしかた）

・植物の特性の知識（適した置き場所や水の量がわかる）

店頭からと下げた商品の手入れは、掃除や陳列が終わって店がきれいに整ったあとにおこないます。

▼切り花の手入れ(水替え・手入れ)

次は、切り花の手入れです。鉢と切り花の手入れは、両方毎日やる場合もありますし、片方ずつ隔日にやる場合もあるでしょう。傷みやすい夏場は両方毎日、傷みにくい冬場は交代で隔日にやるように季節で違うこともあります。これは、店ごとに考え方が異なります。

切り花の手入れのことを、花屋さんでは「水替え」と呼びます。言葉は「水を替える」ですが、水を替えるだけでなく、きれいな状態に整える手入れ一式の流れを指します。

水替えの基本的な手順

・古い水を捨て、器(桶や花瓶)を洗剤を使ってよく洗う。
・洗った桶を重ねる場合は、桶の底もよく洗う。
・切り花の茎も流水でよく洗い、ヌメリを落とす。
・枯れた花、傷んだ部分は取り除く。
・取り除いた結果、花びらの状態や花つき、立ち姿が「表示価格で販売するに相当しない」と判断したものは店頭から下げる(目安:お客の手元で五日間楽しめるもの。ただし、ハイビスカスのような一日花、ポピーのような二日程度で散る短命の花は例外。短命なことを説明のうえで販売する)。
・花の頭をそろえ(長さが同じになるように)、茎を一センチから三センチほど切り落として切り口

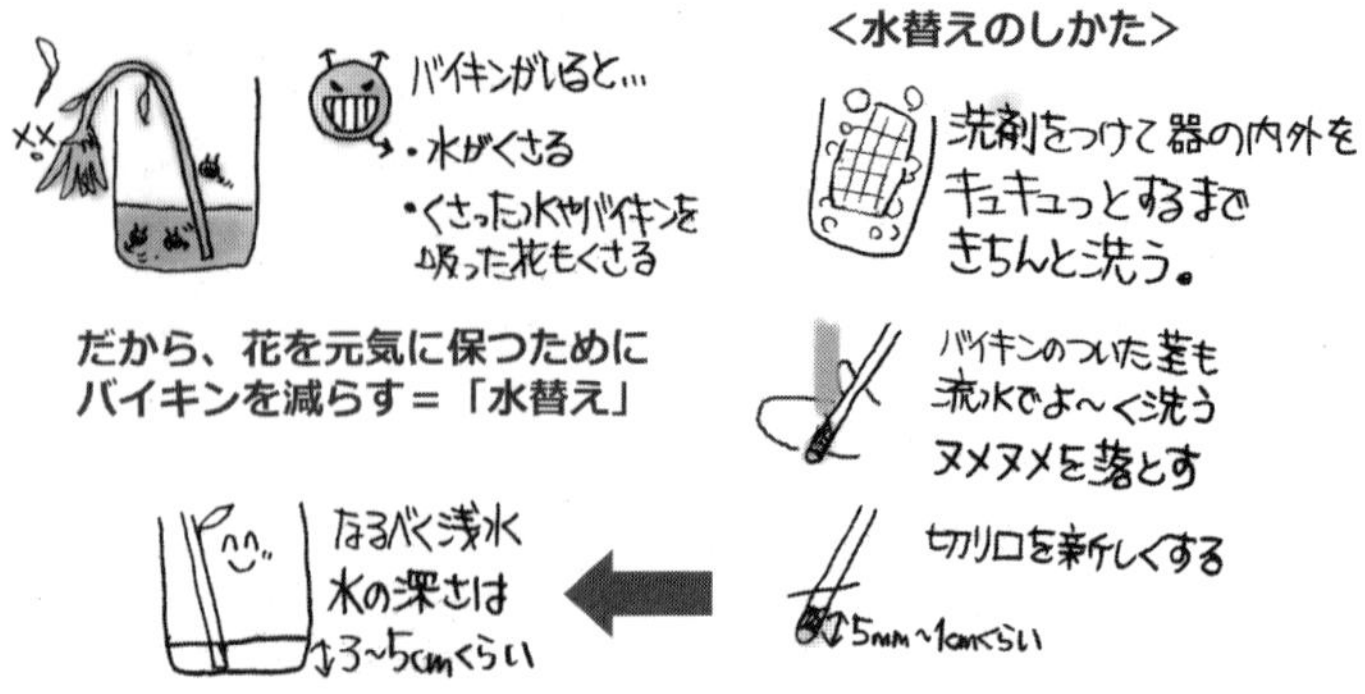

バイキンがいると…
・水がくさる
・くさった水やバイキンを吸った花もくさる
だから、花を元気に保つために
バイキンを減らす＝「水替え」
<水替えのしかた>
洗剤をつけて器の内外をキュキュっとするまできちんと洗う。
バイキンのついた茎も流水でよ〜く洗う
ヌメヌメを落とす
切り口を新しくする
5mm〜1cmくらい
なるべく浅水
水の深さは
3〜5cmくらい

を新しくする。

・この際、茎が変色していたら変色していないところまで切り落とす。

・きれいに洗った器に、植物ごとに適した量の水を入れ、手入れした花を入れる。

・器を下げた棚をきれいに掃除し、手入れが終わった花を並べる。

すべての器の水を替え、手入れが終わってきれいに棚に並べて、床の掃除をしたら完了です。

このとき店頭から下げた花は、掃除や陳列が終わって店頭がきれいになったら整理します。

＊必要なスキル

・植物の基本的な扱い方がわかる（花がらの摘み方、剪定のしかた）

・植物の特性の知識（適した置き場所や水の量がわかる）

▼掃除

時間割に定期的に入れることはありませんが、「つど」「常に」

おこなうのが掃除です。

花に触れれば、花粉や葉、土などが落ちるので、花屋さんでは常に掃除をしています。「気がついたら常に」「一つ作業を終えるごとに」おこなうといってもいいでしょう。

▼仕入れ

花屋さんが販売する切り花や鉢植え・苗、ラッピングペーパー、リボン、かごなどは、生花市場や資材店から仕入れています。

切り花と鉢植えは、生花市場で仕入れます。地域ごとの小規模な市場と大きな市場（東京の大田市場など）があり、店として「買参人登録」をするとセリに参加することができます。

近年では、インターネットを使ってセリにかかる前の品を市場の言い値で買い取ることもできるため、市場に出向いてせり台に座らなくても仕入れができるようになっています。

また、市場では販売単位が一箱五十本・百本・二百本と大きいため、すべての花を市場の販売単位で仕入れることが難しい小規模経営の店もたくさんあります。これを助けてくれるのが仲卸店です。仲卸では、十本から二十五本程度の単位で花屋さんに卸してくれるので、メインの花を市場で仕入れ、少しだけほしい花を仲卸で買うといった使い分けをしています。

資材は、製造メーカーから直接仕入れたり、資材を集めて販売したり業者から仕入れます。

この仕入れる仕事は、何を、どんなバランスで、どのくらい仕入れるのかを決めるのに経験を必要とするため、初めて働くスタッフがいきなり担当することはほとんどないでしょう。基本的にはオーナーや店長、ベテランのスタッフがおこなう仕事です。

＊必要なスキル

・植物の組み合わせバランスが取れる（役割ごとの配分＋色配分を組み合わせて考えることができる）

・予算とのバランスが取れる（お客の予算に沿える広範囲の価格帯仕入れ、かつ店の予算で購入する）

仕入れ担当が仕入れをしている時間に、店のスタッフは鉢や切り花の手入れをおこなって新しい花の到着を待つのが一般的です。

▼切り花の水揚げ

仕入れた切り花は、一般的には農家で切って箱に詰めて運ばれるため、水を吸っていません。水分がなくなってぐったりした状態で入荷します。

ぐったりした状態の切り花が店に到着したら、まず水を吸わせる作業が必要になります。この水を吸わせる作業のことを、花屋さんの言葉で「水揚げ」といいます。

水揚げの基本手順
・器のなかに入る部分（下半分から三分の二くらい）の葉を落とす。この作業を「下葉《したば》を取る」という。

・バラなどトゲのあるものは、トゲを落とす。
・花の頭をそろえて並べる（＝花の長さをそろえるため）。
・新聞紙で花を巻き、テープで留める（花の大きさによって五本から三十本くらいずつ）。
・植物ごとに適した方法で短いものにあわせて茎を切る（空中切り、手で折る、水中で切る、切ってすぐ湯につけるなど）。
・植物ごとに適した量の水を入れた器に入れる。
・種類・状態によって三十分から二時間程度待つ。

＊必要なスキル
・植物の基本的な扱い方がわかる（下葉や傷んだ部分の摘み方、剪定のしかた）
・植物の特性の知識（適した切り方や水の量がわかる）

なお、最近は、特にバラの花で、農家で切られた花を水が入った桶に入れたまま輸送するシステムも整ってきています。すべての花が水の入った桶で運ばれるスタイルで流通されるようになれば、将来、水揚げという作業は必要なくなるのかもしれません。

▼値付け

値段を決めるのは、オーナーや店長、ベテランスタッフが主におこないます。

決まった値段を値札に書いて、それぞれの花に掲示するのがスタッフの仕事です。

値付けは、植物の名前、値段を書くのが最低限です。植物の名前を書いて、植物に掲示しなくてはならないので、この仕事をすることで植物の名前と価格帯を覚えることができます。ぜひ積極的におこないましょう。

花屋さんに入荷する花は、二週間単位くらいで移り変わっていきます。その季節にしか咲かない花があるからです。そのため、この名前付け作業を一年やったときはじめて、一年間の花のサイクルがわかります。

花の出荷時期のサイクルがわからないと、お客の質問にも答えられなかったりしますし、仕入れや企画の仕事ができません。

値段付けは最初、花の名前がわからなすぎて面倒かもしれませんが、たくさんやることで花の名前と出荷時期がわかるようになっていきます。

さらに慣れてきたら、ここでぜひ追記してほしいのが「ひとこと」。

「長持ちします」「外で持ち歩くとき向け」といったメリットや「挿し色に加えるとGOOD！」「クリスマス感UP！」といった一文でかまいません。花の名前と値段の下か上に一文「おすすめポイント」を書き込むようにしてみましょう。

これを書くためには、まず花の性質を覚えなくてはなりません。それから、「飾るときにどんないいことがあるのか」や「おすすめの用途」もわかるようにならなくては書けません。ですので、最初は書きたいと思っても書くことができないでしょう。それでも「書くんだ」と思っていると、おすすめポイントがわかるようになっていきます。これは意識を向けることが重要なので、ぜひ、「この植物のいいところは何だろう?」と常に考えるようにしてみましょう。

*必要なスキル
・植物の名前・分類を覚える
・植物の特性の知識(適した「使い方」がわかる)

▼商品に仕立てる

水が揚がった(十分に水を吸った)切り花は、桶に入れてそれ自体がばら売りの商品にもなりますが、そのままでは、お客には何をどう組み合わせたらいいのか、どんなスタイルで飾ったらきれいなのかがわかりません。

そこで、束売り専門店やお供え用専門店などでないかぎりは「そのまま家に飾れるスタイル」や「そのままプレゼントできるスタイル」の商品に仕立てます。

これが、おしゃれな花屋さんの店頭に陳列されているミニブーケやリビング用花束、ギフトブーケ、ギフトアレンジメント、かわいい入れ物に入った鉢植え、ギフトラッピングされた鉢植え、などです。

商品を作るためには、作り方を学びます。フラワーアレンジスクールなどで習った作り方も参考になりますが、店では予算の決め方や花の選び方、器やラッピング、リボンといった資材の選び方が決まっていることが多いので、個々の店の決まりに沿った商品作りをする必要があります。そのため、スクールで習った経験がある場合でも、店長や先輩スタッフに教わってからの製作になるでしょう。

ただ、花屋さんは時間がないため、特別に時間を取っては教えてもらえない場合も多いものです。自分から、先輩スタッフがオーダーの予算に対していくら分の花を使っているか、どのような組み合わせで選んでいるか、資材は何を使っているか、デザインはどんなふうに作っているかなどをよく観察して作り方を「盗む」姿勢も大事になります。

鉢植えの場合も同様です。ラッピングに使っている資材や包み方、寄せ鉢に使う資材や配置方法などをよく見て、自分から学ぶ姿勢をもちましょう。

先輩が製作を終えるころに、持ち帰り用の袋を用意したり会計をするなど、補佐も進んでおこないましょう(リボン作りなどを手伝えば、先輩の近くで製作を見ることができます)。

*必要なスキル
・植物の特性から、用途に合った花を選ぶ(水持ちがいい花、舞台で映える花などを選んで使い分けできる)
・商品作りの技術(花の選び方・作り方がわかり、製作できる)

▼陳列する

次に、鉢植え、水が揚がった（十分に水を吸った）切り花、きれいに仕立てた商品（切り花・鉢植え）をお客に見つけてもらえ、魅力的に見えるように店に並べる必要があります。店の前を通る人から見えなければ、存在しないのと同じになってしまうからです。

ただ置くだけでは、「汚い入れ物ばかりが目立つ」「どれがどの花だかわからない」という状態になりがち。そこで、きれいに見えるために植物の姿や高さ、入れ物を見せるか隠すか、といったことを意識して並べます。

＊必要なスキル
・植物の姿や高さをよく見て、適した場所に並べる
・カラーグラデーションで並べる

▼下げた花の整理

花が傷んだ商品に関しては廃棄処分しますが、枝が一部折れている、長さが短い、ボリュームが少ないといったものは、花一本あたりの長さやボリュームを同じにそろえて陳列するためには不適当ですが、花自体はきれいですので活用します。

もともと花の長さを短く作るミニブーケや、小さなアレンジメントなどの作り置き商品として仕立てるのが一般的です。

▼POP書き

仕入れた花をきれいに整えて、水を吸わせ、店に並べ、値段を付ける際に、「ひとこと書き添えて」とお伝えした部分がPOPにあたります。簡単にいうと、「花屋さんからお客へのメッセージ」です。

お客は、花屋さんの商品に興味があってちらっと店頭に立ち寄っても、スタッフに声をかけることはほとんどありません。そこで、スタッフと話をしなくても、その商品がどんなもので、どんな場所や飾り方、贈り方に向いているのかがわかったり、どんな育て方をすればいいのかがわかったりしたら、買いたいという気持ちが高まります。「買いたいな」と決めて、ここではじめて、スタッフに声をかけたくなります。

そもそも、その商品について何もわからないことには商品は買えません。どこにどう使ったらいいのかわからないものは、あなたも買えませんよね。説明がないということは、買うことができないということです。お客は花のプロではありませんので、その花にピッタリの使い方や育て方は知らないのが普通です。だから、教えてあげるのです。

店のスタッフに声をかけたくなるところまで、スタッフからの手書きのメッセージで誘導する、それがPOPです。

花屋さんはPOPを書いていない店が多いのですが、お花という商品は「わからない」人が多いものです。だからこそ、たくさん説明を書いてあげたほうが、より親切で買いやすい店になります。

コロンと丸い花の
花びら1枚1枚がハート型!
ポリアンサローズ
シューネプリンセス
¥800-

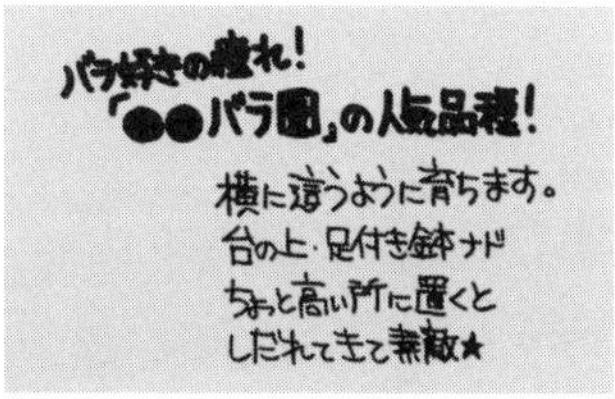
バラ好きの憧れ!
「●●バラ園」の人気品種!
横に這うように育ちます。
台の上・足付き鉢ナド
ちょっと高い所に置くと
しだれてきて素敵★

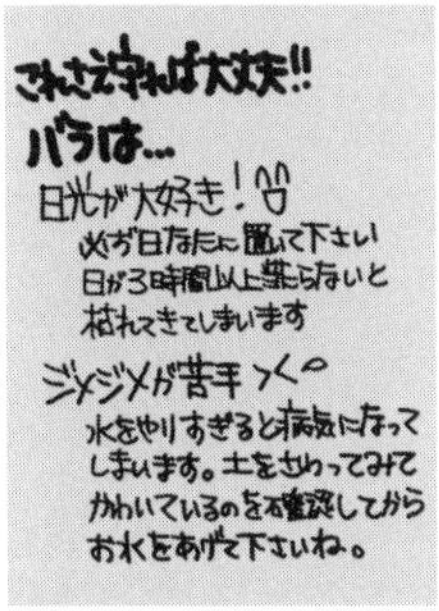
これさえ守れば大丈夫!!
バラは…
日光が大好き!
必ず日なたに置いて下さい!
日が3時間以上当たらないと
枯れてきてしまいます
ジメジメが苦手
水をやりすぎると病気になって
しまいます。土をさわってみて
かわいているのを確認してから
お水をあげて下さいね。

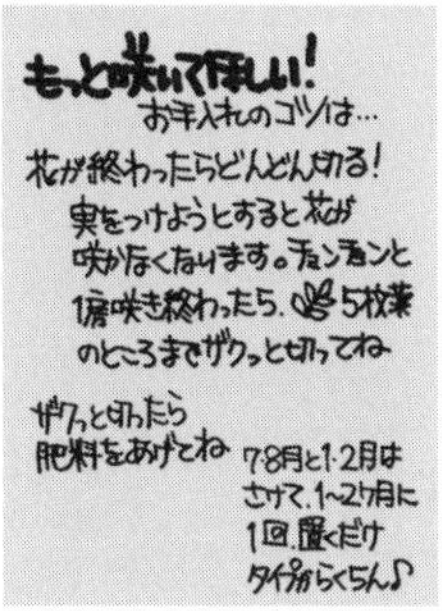
もっと咲いて欲しい!
お手入れのコツは…
花が終わったらどんどん切る!
実をつけようとすると花が
咲かなくなります。
1房咲き終わったら、5枚葉
のところまでザクっと切ってね
ザクっと切ったら
肥料をあげてね
7・8月と1・2月は
さけて、1〜2ケ月に
1回、置くだけ
タイプがらくちん♪

「POP」は会話ツール

1つの商品につけるPOPの例

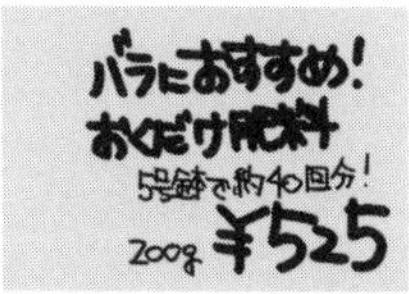
バラにおすすめ!
おくだけ肥料
5号鉢で約40回分!
200g ¥525

＊必要なスキル

・植物のごとの特性から、家で飾る、育てる、人に贈るとき、どんなシーン、どんな使い方が向いているのかを考えて提案することができる。

▼接客・販売

花屋さんは店ですから、当然、お客と話して、お客が求めるものを導き出して提案し、販売するのも仕事です。

ですから、自分が花が好きだから花のことを知るだけでなく、そこから人の暮らしのために花をどう使うかという、使いこなす部分の提案ができるようになっていきたいですね。

花を使って、花を通して、「友人に喜んでほしい」とか「自宅を癒しの空間にしたい」と望むお客にとって、その望む未来になるために、どの花をどのように使うかを提案してあげる、コンシェルジュ的な仕事をするのだと思っておくといいでしょう。

提案するためには、経験もたくさん必要です。いきなり最初からうまくはできなくて当たり前ですが、花の特性を覚えることにはこうした「提案をするため」という目的があります。

「お客が望む未来をかなえてあげる提案のために、花の特性を覚えたい」と思っているのといないのとでは、覚えの早さに大きな差が出ます。図鑑の単なる暗記ではなく、「どういう場面でどう使うのがいいのか」まで考えることで、より早く使い方を覚えられますし、お客の未来がよくなることが想像できるので、仕事が楽しくなっていくでしょう。

ＰＯＰとの違いは、「紙に書くか、客と直接向かい合ってお話しするか」で、基本的に内容は同じです。

＊必要なスキル
・植物ごとの特性から、家で飾る、育てる、人に贈るとき、どんなシーン、どんな使い方が向いているのかを考えて提案することができる。

▼閉店・レジ締め

店の閉店時間前になったら、店の表に並べた商品を店内にしまって閉店時間を迎えます。

閉店時間になったら、店のシャッター（ドア）を閉め、レジを締めます。

「レジを締める」とは、レジのなかのお金を数えて、もともとの釣り銭額を引いた売上金と、一日のレシートの売上額とが一致するかどうかを調べる作業です。

基本的には一致しないとおかしいので、一致させてからレジスターを締める（精算レシートを発行し、一日の売上金を金庫に入れる）作業をおこないます。

細かいやり方は店によって、テナントで入っていれば入店しているビルごとに違いますので、入店してから覚えることになります。

▼帳簿付け

最後に、一日の売り上げと、花の仕入れや資材購入などで払った支出の記録をします。簡単にいえば「お小遣い帳」と同じです。店の家計簿を付ける感じですね。

この帳簿付けをスタッフが担当するかどうかも店によって異なります。スタッフが売上額だけでなく支出も把握すると、より「お店のお金は循環しているんだ」という感覚を得ることができますので、仕入れた花をなるべく売り切る努力をしたり、花の手入れを丁寧にするようになったりするメリットがあります。

将来自分で店をもちたいと思うならなお、支出の額も頭に置いておくといいでしょう。

3　花屋さんの仕事サイクル：一週間

花屋さんのこうした業務は、すべてを毎日やっていたら一日二十四時間じゃ到底足りない！くらいたくさんの仕事があります。そこで、花屋さんでは、仕事を一週間に振り分けておこなう店もあります。

どんなふうに振り分けるのかを見ていきましょう。

▼仕入れ日から仕事を決める

先ほど紹介した一日の仕事はこれだけあります。

①開店
②鉢物の水やりと手入れ
③切り花の水替えと手入れ
④掃除
⑤仕入れ
⑥切り花の水揚げ
⑦値付け

⑧商品に仕立てる
⑨陳列する
⑩下げた花の整理
⑪POP書き
⑫接客・販売
⑬閉店・レジ締め
⑭帳簿付け

このうち、⑤仕入れから⑨陳列までは、仕入れがある日にだけ発生します。主に、生花市場では、仕入れの日は切り花と鉢物が交代でおこなわれ、日曜日は休みです（例：切り花の市場が月・水・金、鉢物の市場が火・木・土）。

このうち、さらに店によって、いつ仕入れをするかを選んでいます。たとえば、小さな店なら、切り花は月曜日と金曜日の二回、鉢物は土曜日に一回だけ。たくさん売る花屋さんでは、切り花・鉢物とも週三回、ということもあります。

そこで、切り花の仕入れがある日に「切り花の水替えと手入れ→切り花の仕入れ」、鉢植えの仕入れがある日に「鉢物の手入れ→鉢物の仕入れ」をおこない、仕入れがない日に資材類の整理とPOPの追加といったほかの仕事を割り振るのです。

細かいスケジュールは店ごとに異なりますが、このように週間の時間割が存在することを覚えて

木	金	土	日	時間
	生花仕入れ	鉢物仕入れ		7：30
鉢水やり 生花水替え・ 手入れ 整理して 組み換え 見切り 定期配達	鉢水やり 生花水替え・ 手入れ 入荷品値付け 入荷・水揚げ	鉢水やり 鉢手入れ・整理 生花手入れ 入荷品値付け 入荷・バラ陳列	鉢水やり 生花水替え・ 手入れ 整理して 組み換え 見切り 定期配達	10：00 11：00 12：00
イベントなど 準備 資材仕入れ	ばら陳列完了 商品作成 ＰＯＰ書き 製作商品陳列 完了	ラッピング 商品作成 ＰＯＰ書き 製作商品陳列 完了	イベントなど 準備 資材仕入れ	15：00 17：00 18：30
				19：30

表1　日・週間スケジュール

時間／曜日	月	火	水
7：30			
	生花仕入れ	鉢物仕入れ	生花仕入れ
開店			
10：00	鉢水やり	鉢水やり 鉢手入れ・整理	鉢水やり
	生花水替え・ 手入れ	生花手入れ	生花水替え・ 手入れ
11：00	入荷品値付け 入荷・水揚げ	入荷品値付け 入荷・バラ陳列	入荷品値付け 入荷・水揚げ
12：00 昼交替			
	ばら陳列完了	ラッピング 商品作成 ＰＯＰ書き	ばら陳列完了
15：00	商品作成		商品作成
	ＰＯＰ書き	製作商品陳列完了	ＰＯＰ書き
	製作商品陳列 完了		製作商品陳列 完了
17：00			
18：30 閉店準備			
閉店・締め 19：30			

おくといいでしょう。

▼お客の動きから仕事を決める

お客の動きから、店のスケジュールを決める考え方もあります。

たとえば、オフィス街にある花屋さんなら、お客になる人たちが店の前を通るのは平日だけで、土・日・祝日は人通りがあまりありませんね。そんな場合は平日、特に金曜日に、店が魅力的になるように盛り上げ、土曜日は店の整理をメインに、日曜日は休みにしたりします。

逆に、土・日に人が集まる観光スポットでは観光帰りに持ち帰りできるようなきれいな見栄えでコンパクトな自宅用&ギフトをたくさん用意しておき、平日に休む、といったスケジュールにしたりします。

店のスケジュールは、店のお客になる人の生活パターンを基本に、市場のスケジュールを考慮して決められることが多いのです。もちろん店ごとに異なりますので、働く店が変われば、スケジュールも変わります。

4　花屋さんの仕事サイクル：一年

さて、これまで、花屋さんの毎日の仕事と一週間のサイクルを見てきましたが、今度は一年のサイクルを考えていきます。

あなたが「花屋さんの年間行事」を考えて、いま思い浮かぶものは何ですか？　五月の母の日しか思い浮かばないかもしれませんね。お客側としてはそれで普通です。でも、母の日しか花屋さんに来てくれないのでは、花屋さんは困ってしまいますよね？

そこで、うまく店が回っている花屋さんでは、一年中何かを企画している、もしくは、店側が企画とは思っていなくても、一年中その季節におすすめの花を仕入れて「旬だからおすすめですよ」ということをきちんと伝えています。これを一年分並べたものが、花屋さんの年間スケジュールです。

花屋さんも店ですので、日本の暦のうえでの行事やイベントに合わせて企画を用意しておいたほうが、お客もうれしいですよね。

「毎日の仕事」でお話ししてきたような専門的・職人的な作業も大切ですが、店が営業できる、何年も運営していけることを考えると、それだけでは店としてはやっていけません。

店のお客がより喜ぶ企画を立てて、それを一年中運営するスケジュールを考え、実現のために動く。そこには、企画や広告・営業、分析して結果をまとめるといった仕事も必要になります。

花屋さんは、「企画や広告・営業、仕入れ、水揚げなど商品の手入れ、商品の作成、陳列・POP書き、販売、分析、経理」まで総合的な仕事をおこないます。

だから、もしこれまで「レジのアルバイトをして、レジ締め、簡単な経理までやったことがある」「電話受付応対のオペレーターをしていた」「イベントの企画・運営の仕事をしていた」「広告

花屋さんの季節サイクル

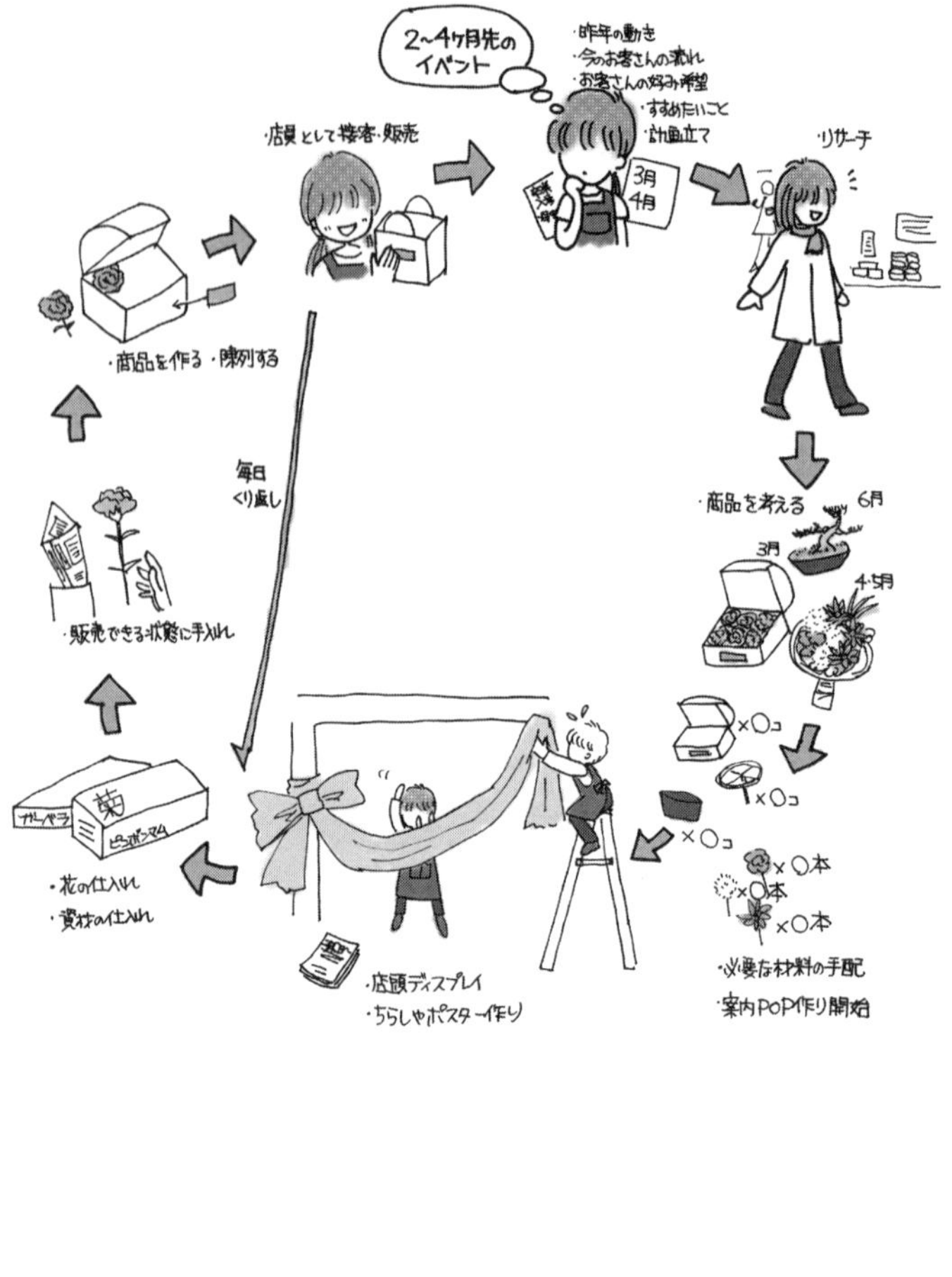
2~4ヶ月先のイベント
・昨年の動き
・今のお客さんの流れ
・お客さんの好み希望
・すすめたいこと
・計画立て
3月
4月
・店員として接客・販売
・リサーチ
・商品を作る ・陳列する
毎日
くり返し
・商品を考える
6月
3月
4・5月
×○コ
×○コ
×○コ
×○本
×○本
×○本
・必要な材料の手配
・案内POP作り開始
・販売できる状態に手入れ
ガーベラ
菊
ピンポンマム
・花の仕入れ
・資材の仕入れ
・店頭ディスプレイ
・ちらしやポスター作り

を作り、営業もしていた」などの経験があったなら、それがそのまま役に立ちます！

店全体の業務を考えると、こうした店を運営していくために必要な仕事ができる人はとても助かります。

いまお話しした店を運営していくために必要な仕事のうち、まだ説明していない企画や広告・営業、分析して結果をまとめるという仕事について、もう少し詳しくお話ししましょう。

▼企画（イベント）

花屋さんのイベントは、五月の母の日だけではありません。日本の暦に応じた各行事、節句、海外からの輸入イベントもあります。さらに「旬の花を教えてあげる」といったことも年間の企画に含まれます。

《花屋さんの年間企画の一例》

一月：年賀、卒業記念（団体用受付）、チューリップ
二月：バレンタインデー、ひな祭り、スイートピー
三月：ホワイトデー、彼岸、卒業、異動・退職、フリージア
四月：花見、母の日の予約、入学・就職祝い、バラ
五月：端午の節句（子どもの日）、母の日、芍薬、ガーデニング（ハーブ・夏野菜）
六月：父の日、ひまわり、果樹、苔、和ラン、盆栽

七月：七夕、お中元（サマーギフト）、お盆、ユリ、水生植物
八月：お盆、敬老の日の予約、りんどう
九月：敬老の日、お月見、彼岸、菊（重陽の節句）
十月：ハロウィン、ガーデニング、バラ、紅葉、実もの
十一月：クリスマス、シクラメン、ポインセチア
十二月：クリスマス、迎春

現代は、家庭のなかでの季節行事や節句といった風習の継承が難しくなってきています。日本の古くからの行事を知らない人も少なくありません。そんないまの時代、花屋さんには、季節行事そのものや旬の花を教えてあげる、伝えてあげるといった役割もあります。

日本は、世界でも珍しく四季がハッキリした国です。ハッキリしているからこそ、季節の節々に、花とともに四季を感じる風習があります。

花を愛でながら季節を味わう、そんな暮らし方は昔から受け継がれてきた日本人としての風習を大事にすることでもありますが、それだけではありません。癒しや心がブームになってきた昨今、現代人にとって、ある意味「新しい贅沢」として受け入れられてきています。

花屋さんが、花とともに四季を楽しむ暮らしを提案することは、単なる昔の風習の継承にとどまらず、新しい、時代に合った文化の融合を生み出していくことでもあります。

花がある暮らし方を提案したいと思っているなら、この季節の企画はとてもやりがいがある、楽

しい仕事となるでしょう。

▼広告・営業

さて、そうして考えた企画は、「教えてあげて、実際に家庭でやってもらう」ことが目的です。ということは、店の前を通る人に伝えなくてはなりません。店の前を通る人だけでなく、これまで店に来たことがある人や、店のブログやウェブサイトを見た人などにも伝えたいですよね。

ここで、「伝えてあげる」という作業が発生します。これが広告や宣伝になります。

これまで、「広告や宣伝って売り込みでしょう、買え買えって言うのはいやだな、苦手だな」と思っていた方も多いかもしれませんが、このように考えると、「もっとみんなの未来がすばらしいものになるために、教えてあげたい！」という純粋な気持ちが「教えてあげる」につながるんだ、ということがわかってくるでしょう。

堅苦しい言葉で書けば「広告」「宣伝」ですが、あなたがやってあげたいこと、教えてあげたいことを「知らせる」「伝える」ことが本当の意味での広告や宣伝になります。ちっともいやらしくないですよね。むしろ、教えてあげて、もっと喜んでもらえたらうれしいな、と思うのではないでしょうか。

そのあなたの純粋な思いを伝えてください。あなたが伝えたいことを、本当に多くの人に伝えたいと思ったら、この仕事には終わりがありません。

方法はいろいろあります。時代とともに移り変わっていく方法もありますので、いろいろなやり方を試してみましょう。

・店頭で伝える方法の例：店構え、陳列、商品そのもの、ＰＯＰ
・媒体を使う方法の例：ニュースレター、はがき、チラシ、ウェブサイト、ブログ、メールマガジン

▼分析して結果をまとめる

「分析して結果をまとめる」とは、どういうことでしょうか。

考えた企画の準備をして、いろいろ教えてあげて、期間が終わったら……その振り返りを記録しておく、ということです。

覚えているだろうと思っても、忘れてしまうものです。そこで、以下のようなことを記録しておくと、次の企画を考えるときや翌年に役立ちます。

・どんな企画を考えたのか
・どんな準備をしたか
・どんなディスプレイやＰＯＰにしたか
・ほかにどんなことを伝えたか
・どのくらい仕入れたか

・仕入れたものはどんな商品か
・どのくらい販売できたのか
・来てくれた人がどのくらい喜んでくれたのか
・どんな意見があったのか

5 一般的な花屋さんの商品種類

それでは次に、花屋さんで売る商品にはどんなものがあるのかを見ていきましょう。なにげなく花屋さんの店頭を見ていたときには、「花屋さんなのだから花を売るのだろう」くらいにしか考えていなかったかもしれませんね。でも、ひとくちに「花を売る」といっても、さまざまな商品形態があります。

花屋さんの店頭に並ぶ商品は、仕入れたままの姿で一本・一鉢ずつ販売される「ばら売り」だけではありません。むしろ、ばらで販売するものよりも、手をかけて商品に仕立てて販売するもののほうがはるかに多いのです。

では、花屋さんでは、仕入れたものをどのような商品に仕立てているのでしょうか。その商品のタイプをご紹介します。

これらの商品形態のうち、どんなタイプを扱うのか、どんな価格帯にするのか、といったことも、

花屋さんの商品スタイルの例

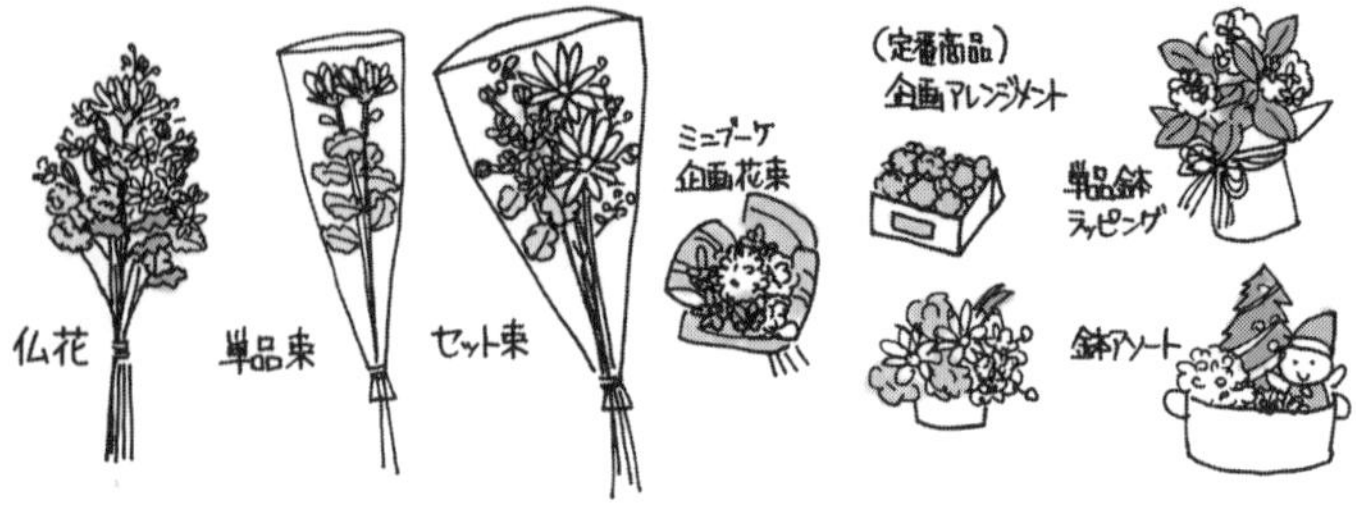
仏花
単品束
セット束
ミニブーケ
企画花束
(定番商品)
企画アレンジメント
単品鉢
ラッピング
鉢アソート

店によって異なります。

ここには一般的な商品区分を挙げますが、店ごとに扱う商品タイプは異なりますので、すべての店にすべてのタイプの商品が置いてあるわけではありません。

ただ、「花屋さんで働こう」と思って店を見るとき、このような商品区分を知っていると、花屋さんに並んだ花を見る目がまったく変わってくるはずです。実際に自分が仕事として花を商品に仕立てるときのイメージがつかみやすくなるでしょう。

▼生花

①仏花束

お墓やお仏壇に供える仕様の束。

使う花・色・仕上げの形は地域によってさまざま。その地域特有のお供え束に組みます。長さは六十センチ程度。

②単品束

輪菊だけ、小菊だけ、スプレーマムだけ、スカシユリだけ、といった一種類の花を一本から三本程度、長いままとめた束売り花。

③セット束
二種類から五種類程度の花を組み合わせ、そのままの組み合わせですぐに飾れるようにした束売り花。組み合わせ方に店の特色が出ます。長さは平均六十センチ、もともとの花の長さによって前後します。

④ミニブーケ
ワンコインから千円程度の小さな、丈が短い花束を作り置きしてたくさん陳列したもの。手みやげのほか、家庭用に短くアレンジしたミニブーケを購入して小さな花瓶や家庭のコップ、カップに飾る人もたくさんいます。

⑤企画商品（花束・アレンジメント）
主にギフト用途に、すぐに持ち帰りできるよう製作済みの花束やアレンジメントを陳列したもの。店によって価格帯・大きさ・デザインの差が出るところ。この陳列済みの花束やアレンジメントで店が作ってくれる商品のイメージができるため、オーダーメイド商品の見本を兼ねています。

⑥オーダーメイド花束・アレンジメント
お客が一から、用途や贈る相手、価格帯などをスタッフに相談して、スタッフがオーダーメイド

で製作する花束やアレンジメント。

▼鉢物

①鉢単品ラッピング

鉢を一つずつ、きれいに包装したもの。ギフト用のほか、自宅に飾るために見栄えよく包装されたものを選ぶことも。ラッピングに使う材料や色・デザインによって店の特色が出ます。

②鉢アソート（寄せ鉢）

カゴや箱などの入れ物に、小さい苗や鉢を詰め合わせてアレンジしたもの。一見「寄せ植え」に見えますが、寄せ植えとの違いは、入れ物に入れただけであり、植え込んでいないこと。一時的にきれいな見た目で飾り、花後は別々の場所に植え替えます。切り花同様、消耗品として飾られる場合もあります。消耗品と考えても、切り花のアレンジメントよりも見た目の美しさが長持ちすることや、同じ予算で切り花のアレンジメントよりも大きくできるメリットがあります。

③寄せ植え

そのまま、長い期間飾ってもらえるよう、あらかじめ生育条件が似た植物を一つの鉢に植え込んだもの。ギフトよりも自宅用の需要があります。一カ月後、半年後、一年後などのメンテナンスをおこなう店もあります。

▼その他

花屋さんでは、切り花や鉢植え以外の、花を加工したものや、花を模して作られたものも扱っている場合があります。

①プリザーブドフラワー

生の切り花の水分を抜き、水の代わりに樹脂を染み込ませ、みずみずしさを保った加工花。保存状態にもよりますが、加湿と光を避ければ一年間はきれいな状態を保つことができます。主にバラの花で作られますが、葉物やあじさい、菊、ランなどほかの花も増えてきています。

花屋さんの店頭では、プリザーブドフラワー一輪ずつではなく、プリザーブドフラワーを使って製作したアレンジメントが並ぶことが多いです。

②ドライフラワー

生の切り花を乾燥させたもの。壊れやすく、みずみずしさはありませんが素朴感があり、愛好家もたくさんいます。花屋さんの店頭では、やはり単品よりも、ドライフラワーを使って作った花束やリースが並ぶことが多いようです。

③シルクフラワー（造花）

布や樹脂と針金を使って作られた模造花で、いわゆる造花ですが、最近は「シルクフラワー」「アーティフィシャルフラワー」といった呼び方をすることが多いです。一見作り物とは思えないほど精巧なものも増えてきています。

④資材・雑貨類

花束やアレンジメント、寄せ鉢などの商品を花屋さんが作るための資材類も購入できます。

6 特別な商品

店頭に並んだ商品のほかにも、オーダーメイドで製作する次のような商品があります。

▼ブライダルブーケ

結婚式で花嫁が持つ花。新郎の胸に挿すブートニアとペアで作られます。

▼テーブルフラワー・会場装飾

結婚式やパーティーなどで、ホテルの部屋やレストランのテーブルを彩るアレンジメント。一般家庭向けのアレンジメントとは違うスタイルのデザインを使うこともあります。テーブルに並べるアレンジメントのほか、キャンドルスタンドや椅子、ドアの装飾といった会場を花で彩る仕事も含まれます。

▼スタンド花

開店や講演、演奏会などのお祝い、葬儀の際に入り口やステージに並べる、大きな脚付きのアレンジメントのこと。

▼生け込み

飲食店や事務所、病院、アトリエなど、人が集まる場所に出向いて、その場に花を生ける出張サービス。その場にピッタリの花を飾ることが求められます。

7　花屋さんの商品で大切なこと

こうした花屋さんの商品には、大切なポイントがあります。ただ花を飾ればいい、束ねればいい、のではなく、「どこで、どのように、どんな人が使うのか」を考えて商品を作ることが重要です。

▼一般家庭に飾れる、飾ってキレイ

ホテル装飾など特別な場合を除いて、花屋さんの商品は「普通の家」に飾るためのものです。ですから、よくカレンダーや雑誌に載っている写真のようなゴージャスで繊細なフラワーアレンジメントは商品にはなりません。

日本の住宅は基本、狭いです。そのごく一般的なアパートやマンションで「実際に飾ることができる」大きさと、「飾ってその場に似合う」「家の雰囲気を引き立てることができる」現実的なデザインである必要があります。

▼持ち運びしやすい

花屋さんで花を買ったあと、自宅用であっても贈り物であっても、花を購入した人が目的地まで持ち運びます。混雑した通勤電車やバスに乗るかもしれないし、自転車やバイクに乗るかもしれません。デリケートな品物は、持ち運ぶこと自体が難しかったり、持ち歩く間に壊れてしまいます。そこで、手で持ちやすい形で、揺らしても壊れないように作ります。また、多少ぶつかっても傷まない包装も必要になります。混雑した乗り物で周囲の人やモノに当たったり、自転車や車に揺られたりしても壊れない工夫が必要です。

▼傷みにくい

持ち運んでいる間に傷まない形と包装に加え、目的地に着いてからも、すぐに傷んだり枯れてしまってはがっかりしてしまいますよね。しっかりガードした包装は、外しやすいことも大事です。移動で傷みやすい種類の花にも注意が必要です。

商品に仕立てる前の、葉や花が傷みにくいような手入れも重要になります。

▼長持ちする

花自体の寿命も大切です。特に贈り物にする際には、花そのものが傷みやすいとか短命な種類は基本、避けたほうがいいでしょう。

もちろん、花のなかには傷みやすいものも短命なものもあり、そのはかなさがまた花の魅力でもあります。そうした傷みやすい、散りやすい花に対しては、お客が買う前に、はかない花であることの説明が必要になります。短命なことを納得したうえで、ご自分で楽しんでいただく――そうした「買う前」「買ったあと」のお客との関係性作りが重要です。

▼受け取る相手への心遣い

「長持ちするように」もそうですが、贈り物のときには、受け取る相手がどう捉えるかを事前に考える心配りがとても大切です。

たとえば、オーケストラの演奏会で、相手の手荷物が大きいだろう場面で「大きな花を楽屋に贈りたい！」という希望を受けたとき。そんな場合は、お客の口から最初に出た言葉が「大きく華やかにドーンと贈りたい」であっても、受け取る相手が持ち帰ることができるかどうかを考えて、コンパクトにしたり、自宅に送ったりといった提案をする、ということです。

お客は花のプロではないので、そこまでは考えていないことがほとんどです。花屋さんがすべきことは、受け取る相手の状況や好み、花の性質といったさまざまな条件をすべてひっくるめて、受け取る相手にもお客にも、うれしい提案をすることです。

もちろん、こうした提案をするためには、花の性質の知識はもとより、お客の真意をくみ取ったり、花を受け取る相手のことまで想像する必要があるので、すぐに一人前の仕事をすることは難しいでしょう。でも、経験を積んだその先に「こういう提案ができるようになりたい」という未来が見えていれば、近い将来、喜んでもらえる提案ができるようになるでしょう。

8　フラワーデザインを習っておいたほうがいいの？

ここで、花屋志望の人が抱く「フラワースクールで、フラワーデザインを習っておいたほうがいいか」という疑問にお答えしましょう。

結論からいうと、フラワーデザインを事前に学ばなくても花屋さんの仕事はできます。

ただ、仕事の内容によっては、フラワーデザインの勉強をしておいたほうがやりやすい場合も出てきます。詳しく説明していきますね。

▼フラワーデザインの作品との共通点

基本的なアレンジメントの形、たとえば、半球形の「ラウンドアレンジ」や扇形の「ファンアレンジ」といった形のつくりそのものは、花屋さんの商品も、フラワーデザインスクールで作る作品も同じです。

ですので、こうしたアレンジメントの基本形を知る目的であれば、習っておくのもいいでしょう。

ただ、フラワースクールで習うアレンジメントと花屋さんの商品とではその目的が違うため、習ったからといって就職に有利だったり、毎日の仕事に役立ったりするかというと、関係がない場合がほとんどです。

▼フラワーデザインの作品と花屋さんの商品の違い

フラワーデザインスクールで作る作品は、デザインの基本形も作りますが、より変わったデザイン、より変わった花（珍しい花・繊細な花）、よりデコラティブに作る傾向があります。

これは、花屋さんの商品に必要な特徴とは、ある意味正反対の方向になります。

より繊細に、デコラティブに仕上げていくと、できあがった瞬間の見た目は美しいのですが、持ち運ぶ際の丈夫さや、家庭に飾ってしっくりくるか、という点にあてはまらなくなります。

表2　花屋さんの商品とフラワーデザイン作品の違い

	花屋さんの商品	フラワーデザイン
飾る場所	一般家庭や病室（狭い場所用）	ホテル・結婚式場・ ホール・教会・レストラン
持ち運び	花を買ったお客さんが持ち運ぶ 宅急便で配送する （しろうとが持ち運ぶ）	移動しない またはプロが搬入
持ち運ぶための準備	移動・輸送中に傷まないように 包装・梱包する	移動しないので包まない
長持ち	できるだけ長く楽しめる花を選ぶ	その場が華やかに美しくなるように作る
予算	購入者の予算で　500円～ （低価格でも見栄えよく）	5,000円～数十万円
作るときの重要ポイント	・贈る相手の好みの色・デザイン・花種の選択 ・贈る状況（外出先で電車移動など）に合わせた形状・デザイン・花種の選択（傷まず長持ちする選択） ・購入者と贈る相手の好みや状況を最優先	・その場・シーンに合わせたデザインと豪華さ ・作家のセンス・デザイン性

　また、フラワースクールで習うアレンジメントの場合は、「先生が選んだ花と資材を、先生のまねをして生ける」方法でおこなわれることが多いので、自分で予算や用途に応じた花合わせやデザインを考える練習にはなりません。花合わせやデザインを考えていく際も、基本、用途は「その場でキレイに飾る」なので、移動や花もちを考慮することはありません。

　これに対して花屋さんの場合は、お客が求める予算・用途・希望に沿うにはどのような材料を選び、どのようなできあがりのデザインにし、どのように包装して運べるようにしてあげるのかを考えて商品を作らなければいけません。

アレンジメントや花束の基本形のつくりは同じなのですが、目的の方向性がまったく違うため、フラワーデザインを学んでも、花屋さんの仕事にそのまま使えるわけではないのです。

ただ、花屋さんの仕事にも、デザイン性が必要とされ、移動することがなく、花もちの時間もさほど必要がない場面も存在します。結婚式の会場装飾や講演会といったホテルなどの会場装飾です。こうした場面では、フラワーデザインの経験が生きてきます。

どんな花屋さんでどんな仕事がしたいのかによって、実際の仕事と関連してくるかどうかに差が出ることになります。

▼フラワーデザインを習うメリットとデメリット

いわゆる普通の花屋さんで働きたい場合は、フラワーデザインスクールで習う内容との関わりがほとんどないため、習う必要は特にありません。

ただ、「花束とアレンジメントの基本形」は身につけておくと、そこに「予算・用途に応じてどういった花と資材、形にするかを選ぶ」という学びを足せばいいだけなので、オーダーメイドの商品がスムーズに作れるようになるでしょう。

基本形の作り方も知らない、まったく初めての状態でも、花が好きで、人に花がある暮らしのよさを伝えたい気持ちがあれば、花屋さんに就職することはできます。

初めての場合は、入店したあと、すべてを一から学ぶことになります。と聞くと、とても大変そうで不利に思えるかもしれませんが、フラワーアレンジ教室ではとてもゆっくり時間をかけて作品を作るため、「フラワーアレンジ教室の時間感覚」が身についてしまうことを嫌う花屋さんもあります。そういう花屋さんでは、「何も知らない、一から教える」スタッフのほうがありがたいのです。

この点は、店長の考え方に左右されるため、習っておいたほうが有利とも不利ともいちがいにいえません。どちらを選ぶかは、あなたがどうしたいかで決めていくといいでしょう。

また、フラワースクールに通う以外にも、学ぶ方法はあります。フラワーデザインの基本形については本やビデオも出ているので、独学で練習することもできます。

花に触れることに慣れる、花の種類に応じた扱い方を覚える、自分で使い道に応じて花を選ぶ経験、といったことも、毎日の自宅用の花飾りで経験を積むことも十分できます。

一般の花屋さんではなく、ホテルの装飾や、テレビ収録スタジオの装飾の仕事をしたい場合は、フラワーデザインスクールに通ってデザインを学ぶことをおすすめします。

▼習うならどこで学ぶのがいい？

一般の花屋さんの商品作りのためにデザインの基本形を学びたい場合も、装飾の仕事がしたい場合も、最初は花束やアレンジメントの基本形のつくりをしっかりと学ぶことをおすすめします。

花を学ぶ教室・講座はとても多く、「どこ」と挙げることはできません。いろいろな方向性の教室・講座がありますので、詳しく調べて、体験教室に行ってみたり問い合わせたりして、基本形のしくみをしっかりと学ぶことができる教室・講座を選びましょう。

フラワーデザインの基本形

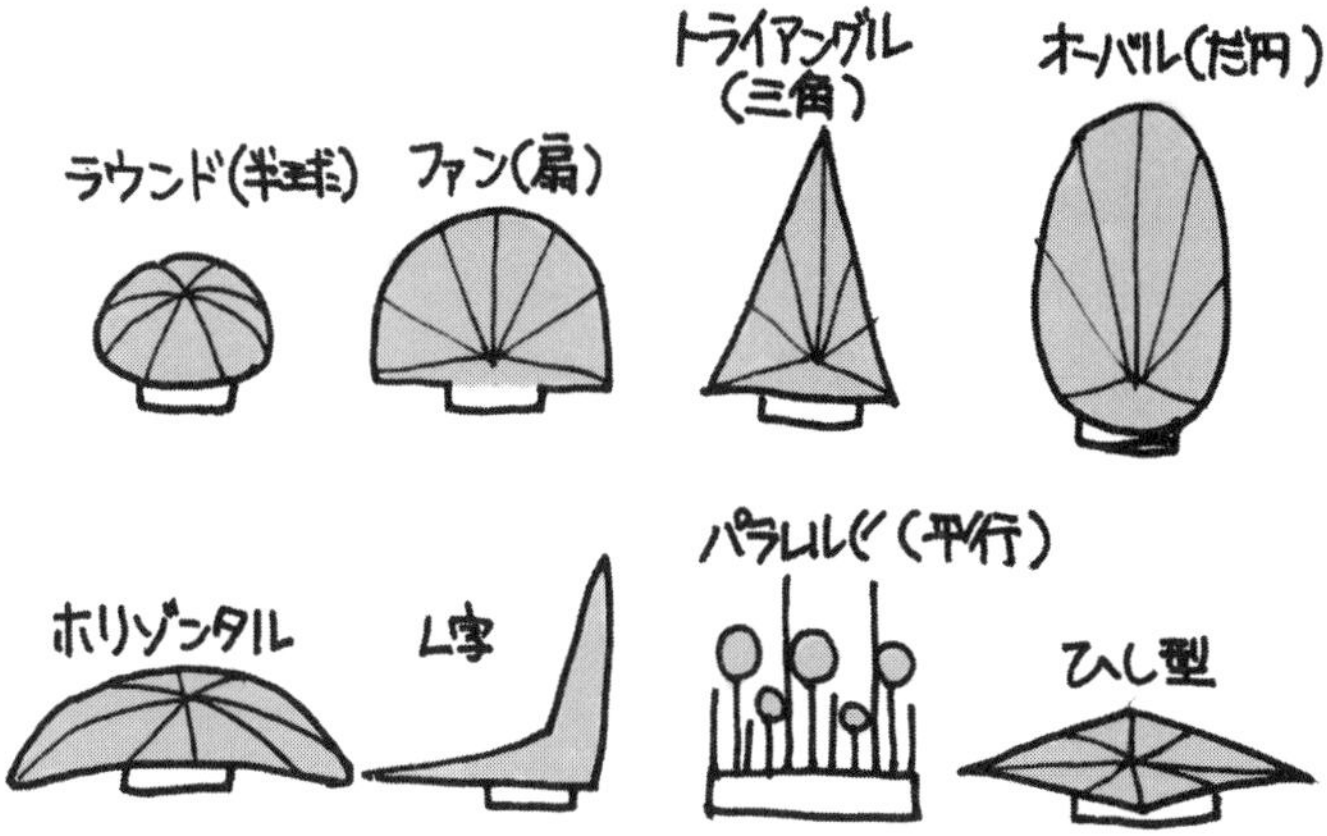
ラウンド(半球形)
ファン(扇)
トライアングル
(三角)
オーバル(だ円)
ホリゾンタル
L字
パラレル(平行)
ひし型

目安としては、「季節の花を楽しく飾りましょう」とか「いろいろなデザインを楽しみましょう」という部分が多い教室・講座よりも、「フラワーデザインの基本形をマスターすることが目的」と明言している教室・講座を選ぶのがいいでしょう。

＊フラワーデザインの基本形

《アレンジメント》

・ラウンド
・ファン（扇形）
・トライアングル
・オーバル
・ホリゾンタル（ひし形・オーバル）

（ほか、L字、コーン〔円錐〕、パラレルなどを知っておくと便利）

《花束》

・基本のシュトラウス・ラウンド
・ロング片見

《そのほか、知っておくと便利》
・リース
・寄せ鉢
・寄せ植え

花の手入れのしかたや、季節感・イメージを出すための花選び、きれいに見える花や色の組み合わせは、毎日の自宅用の花飾りでも十分練習することができます。

どうぞ、私のブログやメールマガジンもご活用ください。

◎ブログ「簡単♪三分フラワーアレンジ」(http://blumeleben.blog25.fc2.com/)

花屋さんのアレンジの基本形をマスターするための通信講座も開講しています。

◎「おうち花マスター講座」(http://ouchi87.com/)

第4章 花屋さんの仕事で使うスキル

本章では、第3章で紹介してきた仕事をするために使う「スキル」について、もう少し詳しく見ていきましょう。

花屋さんの仕事といっても、花の知識や技術を使う専門部分以外は普通の接客業です。これまでの仕事や生活ですでに身についているものもあるでしょう。だから、これまでの経験は十分に役に立ちます。

そして、現段階ではまったく知らないものもあるでしょうが、花に関する専門的な知識や技術はこれから学んでいきますので心配はいりません。仕事をしていくうえで大切になってくるのは、知識や技術そのものよりも、その知識と技術を「人のためにどう使って生かすか」です。

本章ではまず、花屋さんではどんなスキルを使うのかをお話しします。そのスキルの磨き方は次

章で詳しくお話ししていきます。

1　社会一般常識

花屋さんは店であり、接客業ですので、花だけを見ていればいいわけではなく、「人とのお付き合い」をする必要があります。

▼あいさつ

「おはようございます」「こんにちは」「こんばんは」「いらっしゃいませ」。当たり前のようですが、店の前を通る人にこの基本的な声かけを元気に明るくおこなう必要があります。

自分がそこを通るだけで元気な声を明るくかけてきてくれたら、うれしいですよね。普段なかなか店には立ち寄らない通勤・通学中の人も「あそこの店はとても感じがいい」と覚えてくれると、花が必要な際には店に来てくれたりします。

▼電話応対

店には、取引先やお客から電話がかかってきます。店から電話をかけることもあるでしょう。そのときに、電話応対の一般常識の範囲のマナー・対応ができていないと、電話をかけてきた会社やお客から「店として失格」の烙印を押されてしまいます。

大企業に勤めたことがあればまず必須のことなので、アルバイトやパートであっても、働き始めたときの社員研修で必ず習いますよね。

でも、そんな研修がない企業に勤めている方や学生は、携帯電話が普及して家庭に固定電話がなくなってきたため、基本の電話応対を習ったこともやったこともない人が増えてきているのです。

これまでの仕事で電話応対をしたことがあれば大きな武器になりますので、自分では「普通のこと、誰でもできる当たり前のこと」と思っているかもしれませんが、しっかりと履歴書に書いてアピールしていい部分です。

花屋さんは個人規模の経営が多いため、実は、オーナーや店長が業者としてのきちんとした電話ができないことも多いのです。大企業の事務や受付、コールセンターなどに勤務した経験があって、気持ちがいい電話対応ができる！というスタッフはそれだけでとてもありがたいものです。ぜひ、自信をもってください。

▼メールマナー

メールも同様です。最近は、電話よりもメールでの問い合わせのほうが多いかもしれません。そんなとき、店としてイマイチで不親切な返信をしてしまうと、店に来ないうちにお客が去ってしまいます。

昨今、メールは、毎日何通も何十通もするのが普通ですが、こちらも携帯電話やSNS（ソーシャル・ネットワーキング・サービス）で友人間でのメールしかしたことがない場合、店や事業者としてのきちんとした対応のメールがまったくわからない、できない、ということも多いです。こうした対応の悪さは、インターネットであっという間に広まってしまいます。花屋さんだからといって、花のことだけやっていればいいわけではないのです。

まずは、あいさつ、電話、メールといった場面で、事業者・店舗として、基本的な常識のある対応ができることが必須です。これらは一般常識なので、日々、毎日の生活のなかで身につけることができます。

2　接客

電話やメールと同じく、実際に来店したお客へも、まずは基本的な応対ができる必要があります。しかし、やはり個人規模の店が多い花屋さんは、接客の経験を積んでから店を開いた人は少ない傾向にあり、接客が苦手なオーナーや店長も多いのです。

こちらも、店舗がある大きめの会社なら入社時に接客研修があり、入社時の基本的な常識として学ぶのが一般的ですので、接客の仕事の経験があってすでに身についている場合は、そのこと自体がとても大きな武器になります。ぜひアピールしてください。

3 小売業の一連業務

花屋さんは店であり、小売業です。あいさつや電話、メール、接客もそうですが、花の専門知識や技術の前に、「店の仕事をまわす」、毎日店を開いて運営するために必要な仕事があります。ここまでは、ほかの接客業・店と何の違いもありません。

小売業のスタッフとして、店の企画や仕入れ、広報、陳列、販売管理といった店の運営の仕事の経験があり、あいさつや電話、メールができるとなれば、店の運営の仕事はそのまま同じなので、花屋さんの仕事もすぐにできるようになります。そこに花の知識と技術をプラスすればいいだけだからです。

逆に、花のことだけしかやってきていない場合は、まず、あいさつや電話・メール・接客のスキルを身につけましょう。それに加えて、店を運営するための企画や仕入れ、広報、陳列、販売管理などの仕事のスキルが必要になります。といっても、いまの段階で「どれもやったことがないし、学んだこともないから花屋さんになれない」と縮こまる必要はありません。

ここまでは、花屋さんでなくてはできない内容は一つもありません。これらのスキルのほとんどは日常生活のなかで磨くことができますから、安心してください（このあと第5章で、日常生活のなかでどのように「仕事に必要なスキル」を磨いていくかをお話しします）。

4　花の知識を使う

ここからが、花屋さん独自のスキルになります。花の知識や技術は、花の好きな人ならある程度もっていることでしょう。

ただ、花が好きな人は、これまでは自分のために覚えたり、育てたり、飾ったりしていたと思います。その知識と技術を、今度は人のために使っていくのです。

花屋さんの仕事は、花の知識と技術を「誰かの幸せのために使う」ことですので、お客の幸せのために自分の知識をどのように使えばいいかを考えていきます。

▼知識を覚える

花の知識には、どういったことがあるでしょうか。具体的に整理してみましょう。

①花の名前と種・属

これは、花が好きな人なら自然と覚えていく知識でしょう。フラワーアレンジメントを習っていたり、花を育てたりするのが好きな人ならよく知っていると思います。

例：
・桜　バラ科。日本の国花。桜並木は染井吉野が多く、天然には大島桜などがある。
・ひまわり　菊の仲間。黄色から茶色系の花色。夏に咲く。八重咲きもある。

②花の特性と扱い方・育て方
もう一歩進んで、その植物の性質の知識です。そこからさらに、「このような性質があるから、このように扱う、育てる」といったことにまで発展します。
ガーデニングが趣味の方は、普段でもこのあたりまで考えているでしょう。

例：
・桜
日本原産種が多い＝日本の気候になじんでいる。基本、地面に植えれば育つ。花は四月初旬に咲く。入学・就職などいいイメージがある。花の寿命は満開になると三日ほどで、花びらは繊細で傷みやすい。
・ひまわり
海外移入だが日本でもよく育つ。ほかの花に比べて背丈も花も大きい（二メートルから三メートル）。つぼみは太陽の方向を向き、花が開くと固定する。自然条件下では七月から八月に開花。茎に毛がたくさん生えていて、毛が水に浸かると腐りやすい。

③どんな場面でどのように使うといいか

花屋さんでは、さらにもう一歩先を考えていくことになります。

花の性質を考え、どのような場面で、どのように使えばその花のよさを最も生かすことができるのかを考えます。

例：

・桜の用途（いつ、どんな場面・目的で）

入学や就職のお祝い、合格祝い・合格祈願。花見の時期を楽しむ。

・桜をきれいに見せ、長持ちする使い方

切り花は枝を長く使う。

開いた花はすぐに散るのでつぼみで販売。

和風にする（お正月・ひな祭り・卒業式の袴に合わせる）。

桜の盆栽も風呂敷や組み紐・水引などで和風に包む。

春らしく、桜の淡いピンクを引き立てる配色を使う（鶯・藤色・紫・小豆など）。

洋風な場合も春らしく（クリーム色・濃ピンク・オレンジ・ラベンダーなど）。

風が当たらないように、ぶつかって傷まないように上まで包む。

・ひまわりの用途（いつ・どんな場面・目的で）

父の日

夏休み・夏らしく・トロピカルに

お中元

・ひまわりをきれいに見せ、長持ちする使い方

重たい花だが、水は少ないほうがいいため、重い器を使うか、短くする。

低価格で花が大きいので、予算が少ない場合のギフトにおすすめ。

咲いた状態の花びらは傷みやすいので、包み方に注意。

花びらが散って芯の部分だけになっても楽しめることを伝える。

重いので、高齢者や子どもにはあまり仕立てのサイズを大きくしない。

このように、花の性質を考えて、その花に向いた手入れや仕立てにするようにしていきます。先に大きなアレンジメントのように形が決まっているときに、アレンジメントの形に適した花を選択するためにも、花の知識を活用します。

また、使うときの用途に合った性質の花を選んで使います。用途に合った花とは、「箱を開けた

ときにガッカリしないよう、ぐったりしやすい花は宅配便で配送しない」「ガッカリに加え迷惑がかかり、縁起も悪いので、散りやすい花を宅配便や飲食店・お見舞いには使わない」といったことです。

▼知識を使って適切な商品を作る

ここまで考えると、店のイベント企画のスケジュールや企画でどのような仕立てにして販売するかといった商品企画がかなり浮かびやすくなります。

わかりやすいように、イベントとその商品を少し考えてみると、次のようになります。

例：

・縁起ものとして、桜の盆栽が出回るシーズン＝受験時期に販売する企画を立てる。
商品の仕立ては和風。風呂敷・組み紐・水引を使い、合格祈願のＰＯＰを付ける。

・父の日後にひまわりフェアをする
商品は、父の日から続くスリムにかっこよく見える葉を添えたロング束のほか、イメージチェンジできるよう、かわいくて短いブーケの二種を用意。
ひまわりはいろいろな色があるので、淡い黄色・山吹色・茶色系の三色に分けて、それぞれ三色の商品を展開。

ロング束を生けることができる器も販売する。

また、オーダーメイド時のお客の希望に添うためにも花の知識を生かしていきます。

・「桜の花を使ってほしい」という希望に、「桜は枝を長く使うほうが花がよく見えてきれいですので、長い花束や、高さがあるアレンジメントがおすすめです。花が開くと傷みやすく散りやすいので、開いた花は少しにして、つぼみが多い状態がいいでしょう」などの提案をする。

・「七月の演奏会の舞台で、カーテンコール時に指揮者に渡したい。予算が少ないがなるべく華やかに、豪華に見せたい」といった希望にひまわりを提案する。

「花の名前を知っている」「桜はすぐ散ると知っている」だけでなく、このように「では、お客にとって、どのようにしてあげたらいちばん花を生かすことができるのか」を考え、提案し、実現することが花屋さんの仕事です。

いま、これらの事例だけを読むととても難しいことのように感じるかもしれませんが、こうした企画やお客への提案といった仕事は、「慣れ」の要素が大きいです。入店時にパーフェクトにできなくてはならないことではなく、ある程度経験を積んだスタッフにはできてほしい、という部類の仕事内容です。

いまできるかどうかではなく、花の知識を使って、お客にとって最もいいように商品を作ったり提案したりすることが目的だと知っておくことに意味があります。

入店後に花の名前や性質を覚えようとするとき、ただ暗記しようとしてもなかなか覚えられないものです。でも、「覚える目的は、お客にとってできるだけいい形で花を手渡せること」と思っていると、そんな仕事ができる自分になりたい！という意欲が芽生えます。目的があれば、覚える早さもまったく違いますし、実際に覚えた知識を使えるようになるまでの期間も短くなります。

将来、得た知識を何のために使うのかを知っておいてください。

▼知識を伝える

覚えた知識は、店の企画を考えたり、オーダーメイドの提案にも使いますが、それだけではありません。

入荷した花の情報は、できるかぎりお客がスタッフに声をかけなくてもわかるよう、ＰＯＰとして書くといいでしょう。

ＰＯＰとは、簡単にいうと、「値段以外の情報が書いてある紙」です。店からお客へ伝えたいことが書いてある紙だと思えばいいでしょう。

これまでは気にしたことがないかもしれませんが、意識して街を歩くと、スーパーマーケットやコンビニエンスストア、書店、薬局など多種多様な店に多種多様なＰＯＰがあることに気づくはずです。

書き方や紙の大きさに決まりはありません。店によって、紙の色も大きさも書き方も違うことに気づくでしょう。どんな紙を選び、どんなふうに書くかで、店の雰囲気が生まれるのです。

ところが、花屋さんでは、この「伝える」という意識が低く、忙しいからとPOPを書かない店が多いのです。でも、いまの時代、花の手入れや飾り方、扱い方、育て方を最初からわかっているお客はほとんどいません。使い方や、「こうするといいよ」ということを伝えてあげないと、わからないから買えないという事態になってしまいます。

花の苗や鉢植えなら、どんな場所に置いて（植えて）どんな世話をすればいいか、肥料はどれがいいか、どの入れ物がおすすめかなどを書くといいでしょう（一緒に並べて販売すると親切ですね）。切り花なら、水加減や水を替える頻度、どの花と合わせるのがおすすめか、どんな入れ物にどんなふうに飾るときれいに見えるかなど書き添えるといいでしょう（こちらも、すでに組み合わせてあげるととても親切ですね）。

イベント企画の商品にも、「この花はこうだから、こういうタイプの器に飾って」「この花の手入れはこうして」といった、お客が家に帰ってから必要になる情報をしっかりと伝えておくことが、家に帰ったあと「花を買ってよかった！」と思えるためにとても重要です。花が売れたら仕事が終わり、ではなく、花を買ったあと、お客が幸せな気分になることが花屋さんの目的だからです。

5　人の思いをしっかり相手に届ける

自宅用にはここまででOK。目の前のお客が幸せを味わえるように、直接伝えてあげることができればいいからです。

でも、直接会えない、間接的なお客がいますよね。そう、店で売った、作ったギフト商品をプレゼントされる相手です。

プレゼントの場合、注文者である目の前のお客が喜ぶことも大事ですが、プレゼントを受け取った相手も喜ぶことが重要です。受け取った相手の喜び具合で、プレゼントを贈った贈り主の満足度は大きく変わります。

それでは、いったいどんな贈り物だったら、受け取るほうはうれしいでしょうか。あなたが花をもらうとしたら？と考えてみてください。

▼思いを届けるとは？

「思いが届く」とは、「プレゼントの贈り主が、自分のことを大切に思ってくれている」と感じられるということです。これには、次のような要素があります。

・質がいい。
・色やデザインが受け取る人の好みになっている。
・贈られる場所や帰宅方法に合わせてくれていて、帰宅して飾るまでに困ることがない。

もう少し詳しく説明しましょう。

花の質がいいことはもちろんですが、まったく好みでない色やデザインだと、もらってもうれしくありませんよね。ですから、贈る人＝花を買いにきたお客の好みで作るのではなく、贈る相手のことを聞き出して、贈る相手の好みに合わせて作ったほうがいいのです。

たとえば、花を注文しにきたお客が大輪のユリの花が好きだからユリの花を、と頼んだ場合、そのままうのみにしないことが大切です。花を贈る相手はユリの香りが大嫌いかもしれません。ユリが嫌いな人に対してユリの花を贈ることは、花を頼みにきたお客からのいやみだと受け取られたり、最悪の印象になったりしてしまう可能性があるからです。

せっかく好意で贈ろうとしたのに、そんな結果になってしまっては、花を頼みにきたお客はがっかりして、もう花を買いたくなくなってしまいますよね。

花を贈る際に限った話ではありませんが、贈り主の好みよりも、贈る相手の好みを優先するようにしましょう。

これは、花を買いにきたお客と会話して、贈る相手のことを想像して考えていきますが、最初は難しいです。こちらも、「将来、それができる自分になるんだ」と思いながら、先輩の仕事を見たり経験を積むことで、できるようになっていきます。

もう一つ、考えるべきことがあります。それは花を贈るときのシチュエーションです。花を贈られる人の、そのときの状況を考慮した仕様を提案するのです。

たとえば、オーケストラの演奏会の出演者に花束を、という注文の場合、一般的には受け取る人が持ち帰ることができるくらい小さなブーケタイプをおすすめします。なぜなら、オーケストラの演奏者は、楽器に譜面に舞台衣装と手荷物がとても多いからです。演奏会後に打ち上げもあるかもしれません。大きな花束や重たいアレンジメントだと持って帰ることが難しく、持ち帰る間にボロボロに傷んでしまうかもしれません。

でも、「カーテンコールで指揮者に舞台上で渡す」のならば、できるだけ大きくて明るい色の花束がいいですし、何日か公演期間があり、その間、楽屋に飾っておくのであれば、アレンジメントが向いています。
ひとくちに「演奏会に花を」といっても、いろいろなシチュエーションが考えられます。これを詳しく聞き出して、「用途に適切な商品の仕立て」を提案し作って届けるのが、花屋さんの仕事です。
このように、花を贈る相手の人の好みや状況を考慮した花を提案し、作ってあげると、花を受け取った人はこう思います。「贈り主が、私の好みをわかってくれた」「贈り主が、私の置かれた立場や状況を理解してくれていた」＝「贈り主の愛を感じる」「うれしい！」。

花屋さんは、花を買いにきた贈り主のお客が花を贈る相手を思う気持ちの代弁者ということですね。

ところが、お客は花のことはわかりませんから、店に来て、「大きいのがいい」「この鉢がいい」といった希望を口にします。これをそのまま渡すのではないことを覚えておきましょう。

花屋さんは、花を贈る相手の好みとシチュエーションを聞き出して、花の知識を使い、相手とその場にピッタリな花を提案していくのです。

「誰にあげるんですか？　おいくつくらいの方ですか？　男性、女性？」

「どんな方ですか？　趣味は？　お好きな色とか花とかおわかりですか？」

「どういうプレゼントにお使いですか？」

「どちらにお持ちになりますか？」

「いつお使いですか？」

花屋さんでお花を頼んだことがある方は、心当たりがあると思います。花屋さんに行って「花を贈りたい」と言うと、このような質問をされますね。この質問が、その方法です。

なお、自宅用の場合でも、たとえば「この鉢がほしい」となったとき、その鉢植えが育つ環境があるかどうかを聞いて、お客の環境での世話のしかたを伝えたうえで販売します。

お客にとって、いい買い物になるかどうかをいつも考えて、提案するのです。

▼輸送用梱包と水分量

このように花束やアレンジメントを作ったら、お客の状況に合わせて、運ぶための梱包や水分量を整えます。車で運びたい人には、車に積んで倒れない、転がらない、傷まないように包みます。いま買った花束を明日渡す、という人には、花束を普通に作ったのでは水が足りなくなってしおれてしまうので、翌日まで水がもつように保水して包みます。お客がその花を使うシチュエーション、持ち運ぶ方法などによって、包み方や保水のしかたを変えるのです。

どうですか？　ただ、「花の名前や性質を覚えなきゃ」と漠然と思っていたときに比べて、早く覚えて、使いこなしたい気持ちが出てきませんか？　覚えた花の知識はこのように、お客がその花で幸せになることができるように、幸せにしてあげるために使うのです。

これだけのことができたら、まぎれもない「プロフェッショナルの仕事人」ですよね？　カッコいいですよね？

あなたも、そんなすてきな花屋さんに、なっていきましょう！

6　思いを届けるための贈答マナー

これまで、贈る相手の好みと花を使うシチュエーションを考えてお客に提案していくことをお話ししてきましたが、贈り物のときには、あともう一つ、考えなくてはならないことがあります。それが贈り物のマナーです。

花屋さんがマナー違反をすると、せっかくの贈り物が、花を買いにきてくれたお客の信頼を損ねてしまう場合があります。そんなことになっては、そのお客が悲しむばかりか、店の信用も失います。

知っておかなくてはならない贈答マナーの基本は学んでおきましょう。

▼マナーとは

まず、「しきたり」「マナー」の捉え方について少しお話ししておきます。

日本には、古くから贈り物のしきたりやマナーが数多く存在します。しきたり・マナーは、基本の、誰に対しても通じるマナーです。ここがしっかりしていれば、贈り主（店に来たお客）の信頼を保つことができるといえます。

個人的なお祝いのときは、贈る相手の好みと花を使うシチュエーションだけで花を贈っていいのですが、お悔やみやお見舞い、お祝いでも儀礼的なときは、マナーを優先します。

儀礼的なお祝いとは、相手の好みがわからないくらいの付き合いの方、仕事上のお付き合い、目上の方への贈り物など、「世間体・体面」が重要な場合を指します。

マナーは相手への気配りですので、必ず守るもの、というわけではありません。

たとえば、弔事の場合、慣例では菊の花ですが、いまは葬儀自体が自由に変化していて、故人が好きだった花で見送る葬儀もあります。赤いバラの花で見送る葬儀の場合は、菊の花を持っていったのではかえっておかしなことになってしまいますよね。このような場合は、慣例ではタブーの赤バラを持っていくほうがいいことになります。

また、親密なお付き合いをしている親友や親族などに贈る場合、相手の好きな花がわかっているのにしきたりで望ましいとされている花を贈っても、相手にとってベストな贈り物とはいえない場合も出てきます。とても親しい人に誰にでも同じ定型どおりの決まりごとをされたら、逆に悲しいですよね。

贈る相手との関係性が近いほど、好みや、心情を思いやり、尊重する気持ちが感じられる贈り物のほうが、相手にとって、ずっとありがたく、かけがえのないものになるでしょう。

このように、マナーを重視するかどうかは相手との親密度で決まります。このあたりも、お客の話をよく聞いて、どちらを優先するかを提案していきます。

▼お供えのマナー

ここでは、一般的な東京近郊のお供えのマナーを記します。お供え関係のマナーは地域によって差がありますので、詳しいことは地域の年配者に聞くのがベストです。

①お悔やみの花の基本

表3 弔事の花贈りの基本（東京近郊の場合）

	通夜～葬儀	初七日～四十九日	以降の法事・法要・盆彼岸
贈る時期	花は持っていかない（＊）	通常はこの頃に、自宅に「アレンジメント」を贈る	前日までに贈る
贈る場所の注意	花輪（スタンド花）を出す場合は斎場に問い合わせ、指示に従う		寺など会場に用意したい場合は会場になる場所に問い合わせ、指示に従う
花色・花種	花は白一色（白上がり）。バラの花は入れない		年月に応じて淡い色から加えていく（薄紫・うすピンク・水色・クリーム色など）
カード・札	御霊前＋送り主名		御仏前＋送り主名

＊とても近しい関係の場合にかぎり、棺に花束を入れたい、葬儀前に枕元に花を供えたい、などどうしてもという願望があれば家族に提言する

訃報から葬儀の間にある花は、枕花《まくらばな》、葬儀の受付に飾る花、葬儀のスタンド花（花輪・籠花）ですが、葬儀の花は、斎場が取り仕切る場合が多いです（提携の花屋さんがある場合もあります）。そのため、一般的な花屋さんが斎場で使う花を用意することは少ないです。もし花を持ち込みたい場合は葬斎場の許可が必要です。

近しい間柄で、葬儀までの間に自宅で飾ってもらうなら枕花になります。故人の枕元に飾る花を指します。

遺族に負担をかけないよう、吸水スポンジに花を挿したアレンジメントにするのが基本です。色は白一色で、バラなどトゲがある花は入れないのが基本ですが、近しい間柄であれば、淡い色合いや故人が好きだった花を使ってもいいでしょう。

親族は両脇に飾れるよう「対（二個同じもの、または左右鏡写し）」で用意することが多いですが、友人が贈る場合は一つでもかまいません。

枕花や祭壇用の「対」の花の例

図のような鏡写し　またはまったく同じに作ることが多い

四十九日までの間に弔問する場合や花を贈る場合も、アレンジメントの形で贈ると遺族に負担がかかりません。四十九日までは「御霊前」となり、白一色が基本ですが、やはり関係性に合わせ、淡い色や故人が好きだった花を使ってもいいでしょう。

四十九日を過ぎると「御仏前」になります。

経過した日数に応じて、花の色もだんだんと濃くしていきます。また、花束の形で贈ってもいいでしょう。

法要のためのお花を用意する場合は、法事をおこなう寺や会場の決まりがあることがあるので、必要な花の仕様や大きさを会場に聞いてから注文を受けるといいでしょう。

自宅で法要をおこなう場合は、対のアレンジメントが飾りやすいでしょう。ただ、宗派や地域によって慣例があることもありますので、やはりいったん、寺に確認を取ってから用意します。

なお、墓用の花は、その地域での一般的な形式にのっとります（地域ごとに異なります）。法事の際は、通常よりも豪華にすることが多いようです。

キリスト教の場合、高位の花はマドンナリリー、ラン、バラです。日本にはマドンナリリーがないので、いちばん似た鉄砲ユリをよく使います。ほかのユリの花でもかまいませんが、色は白か黄色です。ユリやラン、バラの花を入れて、白を中心に黄色を加えるといいでしょう。

ほかに、葬儀の際「棺の中に花を入れたい」という場合は、水を少なくした小さな花束であれば入れてもらえることが多いようです。斎場や家族に了解を取ったうえで入れるよう伝えるといいでしょう。

ペットが亡くなった場合は、いわゆる仏教の伝統にのっとる必要はありません。淡いピンク、水色、クリーム色、アプリコット、うすむらさきなど、柔らかく優しい色合いで、かわいらしいアレンジメントにすることが多いです。色を混ぜてもかわいいですね。

そのペットの服がすべて赤だったなどの場合は、できるだけ飼い主の意向に沿うように考えてみるといいでしょう。

②仏花（お墓に備える花）の基本

仏花《ぶっか》とは、お墓や仏壇に供える花のことを指し、地域でかなり差があります。地域によっては花を供えない場合もあります。地域差の非常に大きなものですが、参考までに東京近郊の一般的な仏花をご紹介しましょう。

一束六百円前後で、菊の花が入り、赤+紫+黄色など派手な色を組み合わせることが多いです。

花の本数は奇数の三・五・七本のいずれかがほとんどで、地域によっては偶数本のこともあります。

東京近郊の仏花の例

派手な色あいでひし形に組む

輪菊・小菊・マム（洋菊）・カーネーションを中心に、春はアイリス・金仙花・スターチス、夏はりんどう・グラジオラス・ケイトウ・ユリのように、戸外でも花もちがいい花が使われ、榊のようなひし形に組みます。

とはいえ、最近では和室がない家も増え、洋風の仏壇も増えてきたため、それに合わせて洋花のお供え花を用意する花屋さんも増えています。ただ、バラの花は基本、入れないようにします（バラ葬など特別な場合を除く）。

仏壇やお墓の、花の供え口は両脇に二つありますね。そのため、仏花や先の枕花は、基本、二つで一ペアで、このペアのことを一対《いっつい》と呼びます。そのため、仏花も、二つセットで販売することもあります。

▼お見舞いのマナー

お見舞いは、病気やけがなど、先方の体調がよくないときにおこないますので、縁起が悪いといわれるもの、病気やけがを連想させるものを避け、なるべく明るい気分になれるものを贈ります。

また、当人は体を動かすのが難しい場合が多いので、管理が大変なものも避けたほうがいいでしょう（出産祝いも、お見舞いと同様に扱います）。

①お見舞いに向く花

色：明るくて柔らかい色合い（濃すぎないピンク、オレンジ、黄色など）

形：アレンジメント（水を替える手間がいらないもの）

②お見舞いにタブーな花

逆に、縁起が悪いとされるタブーが七点あります。用途が「お見舞い」のときは、この七点を避けて用意します。

・鉢植え　病に根付くとされ縁起が悪い。
・白や青、紫色を基調にしたもの　お供え花の色は不幸を予測させる。
・赤い花　血を思わせる色・強すぎる色。
・菊の花　お供え花を連想されるため。
・下向きの花　首が垂れた姿が不幸を予測させる。
・散りやすい花、一息に散る花　命が散ることを予測させる。
・香りの強い花　気分が悪くなるため。

菊の花や白・青・紫色は、日本では「お供えの花と色」＝「亡くなった方へのお花の色」です。菊の花や白・青・紫色をベースにした花をお見舞いに贈るのは、テレビドラマで「いやがらせ」として使われるほど典型的なタブーです。

どんなにお客が希望しても、お見舞いに贈ることは避けるべきと伝える必要があります。

赤、ショッキングピンク、蛍光オレンジのような強烈すぎる色や、オリエンタルリリーやくちなしのように強すぎる香りのものは、ただでさえ具合が悪い人に持っていくには不向きですね。こうした、さらに具合を悪くさせてしまうような花も避けます。

香りがいい花として有名なスイートピーやフリージア、バラは、分量が極端に多すぎなければ贈ってもいいでしょう。

「下向きの花」に関しては、一般的にはユリ、水仙を避けるといいとされます。ユリは使ってしまいがちなので気をつけましょう。最近はやりのベル状の花や野草系の花も下向きに咲く花が多いので注意します。

散りやすい花は、椿、ポピー、レースフラワー、雪柳などがあります。バラッと散ると縁起が悪いほか、花粉や葉がバラバラ散ると、掃除を強いることになります。寝込んでいる人に掃除はできませんよね。よけいな気遣いをさせない配慮でもあります。

ただ、お見舞いにもやはり例外もあります。

長期入院の方に、外の季節が感じられるようなイベントカラーの花を贈ることは必ずしもタブーとはいえません。毎月のように花を贈る送り主が「ハロウィンに黒とオレンジと紫」「クリスマスに赤」を贈りたい、というような場合は特別になるでしょう。

見舞う相手が「青が大好き！」で、部屋も服も小物まで青でまとめているような人の場合も例外です。この場合は、家族に誤解がないよう「あの青い部屋に早く帰れますように、あなたが大好きな色を贈ります」のように「あなたを思うからこそ選んだ」という心が伝わるようなメッセージを書き添えてもらったうえで贈る、という条件付きで贈ることは考えられます。

受け取る人とその家族が喜ぶのであれば、マナー外の選択をしてもいい場合がありえます。


こうしたことも、お客の話を聞き出しながら、配慮して花を選んでいきます。

おそらく、あなたがいままで思ってきたよりも細かい配慮を要するコンシェルジュのような仕事になります。

▼お祝いのマナー

お祝いのマナーは、お供えやお見舞いに比べるとゆるやかですが、「こういう場合はこのようなもの」という慣例があります。

たとえば、開店開業・移転・引っ越し祝いの基本として、火に関係のあるものを贈らない（家・店が火事にならないように）、割れやすいものを贈らない（地震などで壊れないように）というマナーがあります。

この基本で考えると、花自体、枯れるものなので向かないように思えますが、長持ちするランの鉢植えや、一年中緑の観葉植物は定番の贈り物として頻繁に用いられます。また、開店祝いの場合はスタンド花やアレンジメントもよく使われます。

開店開業・移転・引っ越し祝いの際も、贈る相手のシチュエーションに合うものを提案します。

①ランの鉢植え

ランの花は、鉢植えなら開花から一カ月から三カ月ほどもち、花粉も散りません。日光に当てなくていい、水やりもあまりいらないなど手入れも簡単なので、失敗がない贈り物として、お祝いならどんなときでも使えます。

特に弁護士事務所や会計事務所、病院・医院など、格式があったほうが好ましい場所や来客が多く華々しさがほしいけれども忙しくて世話ができない場所、清潔さが望まれる場所に向いています。なお、ランの陶器の鉢は割れ物ですが、高級ないいランほど陶器の鉢に植え付けてあるもの。ごく一般的にお祝いに用いられていますので、さほど気にしなくていいでしょう。

②観葉植物

さまざまなサイズがそろい、水やりもさほどいらず、手がかからないので好まれます。

特にオフィスなど、目が疲れる、マイナスイオンがほしい、人工物ばかりで癒しがほしい場所、飲食店など、花粉や花びらが散ったり香りがあると困る場所に向いています。新築・引っ越し祝いとしても、あわただしい引っ越し後でも手がかからないので人気です。

置き場所の温度・明るさ・湿度や業種を考えて、環境とイメージに適した種類を、また置き場所の広さに合わせたサイズを提案します。

ランや観葉の鉢植えは間違いがないギフトとしてとても便利ですが、光を必要とするので、地下の店や夜間営業のバーなどでは枯れてしまいます。そんなときや華やかさを出したいときには、切り花のアレンジメントがいいでしょう。

③スタンド花

開店祝いや演奏会の会場などの入り口に並べる台座に乗った大きなフラワーアレンジメントのことです。近年いろいろな台座がありますが、基本的にはおおよそ幅百五十センチくらいの扇形のフラワーアレンジメントになります。細かい形や作り方、札の書き方、並べる順序に地域の特徴があり、また店ごとにも異なりますので、店長に確認します。やはり、業種に合った花の種類や色を選んであげるといいですね。

④アレンジメント

お祝い全般に使えます。やはり、置く場所の用途（展示会や発表会の内容）、業種に合った花の種類や色・雰囲気で作ることが重要です。

第5章　毎日できる！花屋さんスキルの磨き方

前章で紹介した花屋さんの仕事で使うさまざまなスキルについて、いま、この場から日常生活のなかでスキルアップできる方法をお伝えします。

1　何から学んだらいいのかわからない

▼すべてはつながっている

よく「何からやったらいいでしょう？」という質問をいただきます。「将来、花の仕事をしたいです。いま学生です・ＯＬです・主婦です。何からやればいいでしょう？」。この質問への答えは

「どれでもいい、何からでもいいので、一つ選んで始めてください」です。

すべての道、すべての知識や手段は、別個のものではなくて、つながっています。だから、べつにどこから始めてもいいのです。

最終的に「すべてを統合して、あなたのものにして、あなたのなかから湧き出るもの」があなたのスキルになります。身につける順番には関係がありません。

前章で出てきた、あいさつ、電話応対マナー、メールの基本マナー、接客マナー、花の名前・性質・使い方を覚える、ＰＯＰを書く、お客に質問して本当の目的を聞き出す、贈り物のマナーを覚える、といったスキルはすべて、「その花でお客とお客の大切な人を幸せにしてあげる」という目的のための手段の一つです。どれも目的につながっているのですから、どれから始めてもいいのです。順番で悩む必要はありません。

多くの方は、花屋さんになる準備、花の仕事をする準備と考えたとき、「まずフラワーデザインスクールに通い、資格試験の勉強をする」と考えるようです。

しかし、先に挙げた八つのスキルは、フラワーデザインスクールでは習いません。フラワーデザインスクールで学べるのは、フラワーデザインだけです。ですから、フラワーデザイン以外の花屋さんの仕事に必要なスキルは、別に学んでいく必要があります。

もちろん、フラワーデザインも習っておくに越したことはありませんが、それは学びの道の一つであって、必ずスクールなどに通わなくてはいけないのではありません（詳しくは第３章でお話ししています）。

そして、同じスキルを身につけるのに、道は一本ではありません。

電話やメールのマナーを学ぶのが、本を見て独学であっても、通信講座でも、ほかの接客業の仕事からでも、最終的に身につけばいいので、その方法はどれでもかまいません。

必ずこの方法を選ばなくてはならないという唯一の方法はありませんし、いったん一つの方法を選んだらもうほかを選べない、ということもないので、どれかをやってみることはそんなに差し迫った決断ではありません。そのとき、面白そうだと思った方法をまず試してみて、合わないと思ったら違う方法にすればいいのです。

マナー教室に行ったからといって、本を見てはいけない、などということはありませんし、本を見て独学でやろうと思ったけどやはりわからないから通信講座を受ける、というのは普通のことですよね。だから、「まずどれをしようか」で、そんなに切羽詰まらなくていいのです。とりあえずどれかやってみる、ということが大事です。

やってみないことには、その方法が自分に合っているかどうかも判断できません。あなたに合うかどうかは、あなたの感覚で感じるものです。残念ながら他人にはわかりにくいので、自分でやってみて感じてください。

自分でどれかを選ぶことは、自分の道への責任を自分で負うことでもあります。人に言われてしぶしぶやっても楽しくないですし、楽しくないものは続きませんので、身につきません。

ほかの仕事についていても、小さな子どもの育児中でも、意識を変えるだけでたくさんの学びがあります。

本章では、意識を変えるだけでできる学び方の例を紹介しますが、ここにある以外のやり方もどうぞ、やってみてください。最終的に必要なスキルが身につき、花を通して、お客とお客の大切な人を幸せにできるのであれば、どんな方法でもかまわないのですから。

▼花の知識より大切なこと

花の知識の多さよりも、フラワーデザインの型が作れることよりも大切なのが、「あなた自身が、花のある暮らしを伝えることで幸せかどうか」です。

いやいや仕事をする暗い顔のスタッフは、どうしても、お客に笑顔や明るい未来を配ることが難しくなります。これでは、お客はなかなか幸せになれません。

もし、花のある暮らしを教えてあげて分けてあげることにそこまで喜びを感じないのであれば、それは、あなたは花の仕事に向いていないということなので、無理してやる前にそれがわかることも、あなたにとっての幸せの一つでしょう。

後述する「あいさつ」や「マナー」は、お客が心地いい、幸せ、と感じるためのスキルです。

あなたが心から「花があるといいな」と思っていて、その暮らしを「分けてあげたい」「幸せだよ」と思っていたら、心地いいあいさつやマナーも、その幸せを伝えてあげるための伝達スキルも、むしろ早く身につけて、お客を幸せにしてあげたいと願うことばかりでしょう。

すると、学ぶこと自体が楽しく、早くもっと学びたい！と積極的になりますから、結果的に、すぐに身につけることができるでしょう。

2　店としてのマナーを学ぶには

▼商売の心得を学ぶには

花屋さんは店ですので、商売です。商売とは、自分のすることが、相手（お客）を喜ばせてあげられる、幸せにしてあげられることを指します。

人のために動く、と書いて、「働く」です。「人の幸せのために、自分が楽しくできることをする」と思うとわかりやすいでしょう。

決して「人の幸せのために自分を犠牲にする」のではないことを覚えておいてください。

スタッフが暗く元気なく落ち込んでいたら、その店に近づいたら「不幸になりそう」でいやですよね。あくまでも、最初にあるのは「あなたがそれをすることが幸せであること」です。そんな幸せなあなたが「あなたにもこの幸せを分けてあげる！」と働くから、お客や、お客の家族・友人まで幸せになっていくのです。

これをどこで学べるかというと、簡単です！　あなた自身が幸せになれる店に行き、買い物やサービスを受けることです。そして、幸せになりまくってください。ああうれしい、ああ幸せ！と、たっぷり味わってください。

そのとき、その店やサービスをしてくれるスタッフは、笑顔ですよね？　みんな笑顔で幸せな空気があると、また行きたくなります。みんな幸せになるために店に行ったりサービスを受けるのです。

あなたが行って幸せを感じる店やサービスのスタッフは、その仕事が楽しくてたまらなくて幸せだから、自然と笑顔が湧き出ています。これを味わってください。

自分が知らないものは、分けてあげることはできません。まず、あなた自身が、日々のなかで、自分の「好きだ、幸せだ」と思う店やサービスはどれか見つけて、自分の幸せを知ることがとても大切です。

そして、もらった幸せと同じように、「あなたがそれをすること自体が幸せで楽しいことを、分けてあげる」のです。誰かに教えてあげて、幸せになったらいいなと願うのです。

もっと簡単にいうと、「やってもらってうれしかったことを、自分も人にやってあげる」ことになります。

▼あいさつ

あなたが心地いいと感じる店やサービスをするスタッフのように、あなたも笑顔であいさつをすればそれでOKです。シンプルですよね。

「あいさつしよう」というと当たり前のことのようですが、実際にはなかなかできていないことが多いものです。

毎日、まずは家族に、それから学校や職場の人に、やってみましょう。

明るく爽やかなあいさつをする人の印象はよくなります。あなたへの印象がよくなると、周囲の人のあなたへの態度も優しくなります。きっと毎日の暮らしが明るく変わってきますよ。それは、花屋の仕事を始めたときに、そのまま、お客を幸せにできます。

▼あいさつの次は、気持ちを伝えてみる

接客や電話のとき、どう話したらうまく伝わるのか、話す順序や伝え方も気になるかもしれません。

話し方や話す順序は、本などで学ぶことができますので、毎日の会話で「どう話したらわかりやすいか」を意識することで、練習ができます。

でも、それよりも大事なのは「相手に伝えたい、届けたい」という熱意をもっていることです。「相手に伝わりますように」と思っていると、話す言葉、書いた文字、あなたが表現するすべての方法に、あなたの思いが宿ります。「伝えよう」と思って発信すると、受け止めてもらえます。

逆に、形だけマニュアルにのっとっても、聞く人がうれしいかどうかは微妙です。あなたも、「型どおりの対応」「丁寧な言い回しだけど、どうも好きになれない」といったことがあるのではないでしょうか。それは、そこに心が入っているかどうかなのです。不思議ですが、人間も動物なので、そうした部分は敏感に察知します。

あなたが、「花のことを、わかりやすく伝えてあげたい！」「お客や、その大切な人のそのときに合うように花をコーディネートしてあげたい！」と心から思っていれば、熱意が伝わります。

といっても、まだ花屋さんで働いていないのに「花のある暮らしを届けたい！」という熱意をお客に向けて伝えることはできませんよね。したがって、普段から毎日、身の周りの人に、家族に、友人に、職場の上司・同僚・後輩に、「おはよう」というあいさつや「ありがとう」「うれしい」というような、あなたの心を表現することを心がけることが最大の練習になります。

まったく関係ないようですが、家庭内や友人・職場内でまず、うれしい・ありがたい・楽しい・ときには悲しい、といった感情を伝えることは大いに関係があります。

周囲の人に「気持ち」を伝えると、あいさつ同様、周囲の人と心が通じるようになるので、家庭や職場の環境がよりよくなり、毎日幸せをより感じやすくなるでしょう。

そしてそれはそのまま、お客に幸せを配る準備になるのです。

あなたが、お客の花いっぱいの暮らしを願う気持ちを伝える練習になります。

▼電話応対

電話の応対も、基本は、あなたが心地いい対応をまねすればいいのです。

想像してみてください。あなただったら、どんなときに店に電話をかけますか？　店の営業時間や、花についての質問など、聞きたいことがあるか、花を注文したいときではないでしょうか。ということは、「質問に即、答えてくれる」「スムーズに注文できる」とうれしいですよね。

でも、働き始めたばかりのときには、質問されたことに即答できる知識がなかったり、電話注文への対応方法がわからなかったりします。そのため、新入りのスタッフが電話の応対をすべてしなくてはならないと指導されることはほとんどないでしょう。実際に質問に返答できる人に電話を替わることになります。

そこで、受話器を取り、店長や先輩に引き継ぐまでの対応をまず覚えておきましょう。

ここまでの対応ならば業種は関係ありませんので、市販のマナー本でも十分学ぶことができます。本などで自主学習する際に大事なのが「実際にしゃべってみること」です。

いま、事務や電話応対、接客業などすぐに生かせる仕事をしているなら、今日からでも実践することができます。いまの仕事で実際の電話応対を練習しながら給料をもらえるなら、このうえなく恵まれています。会社にも貢献でき、自分の未来にもつなげることができるのです。

学生や働ける主婦なら同様に、接客業や電話応対のアルバイトやパートに出ると、働きながら練習ができます。接客の仕事なら、電話応対だけでなく、面と向かっての接客、レジ打ち、検品、発注といった店の運営の流れも学ぶことができるので、花屋さんにこだわらず、まず接客業の仕事を経験してみることもとてもいい学びになります。

育児中などで電話で実践する機会がなくても、練習はできます。鏡の前で、笑顔でスムーズに応対できるように練習しておくといいでしょう。

▼メール

面と向かっての接客や電話よりも難しいのがメールです。メールなら毎日使っていると思うかもしれませんが、親しい人あてのメールと、お客や取引先に送るメールとでは根本的な違いがあります。

店として送るメールは、事業者としての信頼感があることがとても大切です。お客には、あなたの顔が見えません。あなたの声も聞こえません。メールの場合は、文字だけで、お客が安心し、うれしい気持ちになり、店を信頼できるように書く必要があります。

メールも、基本マナーの本など情報がたくさんありますので、店としてのメールの書き方やメール設定、署名といった基本を学び、実際にメールを書いたり送ったりしてみましょう。

花屋さんにメールを送るとしたら、どんなときですか？　電話同様、何か質問したいときや注文したいときだと思います。

基本的なメールの型や設定は調べればわかりますが、具体的な文面は、「自分が花屋さんにメールするなら……」と考えて質問文を書き、さらに、自分で花屋さんになったつもりで回答メールを書いてみる、というデモンストレーションがおすすめです。

可能なら、友人や家族にあなたが書いた回答を見せて、求めていた答えになっているか、わかりやすいか、解決できたか、この回答をくれた店に行きたいか、聞いてみるといいでしょう。

3　書いて伝えるスキル磨きに毎日できること

接客や電話の応対も伝える方法の一つですが、店では書いて伝える方法も使います。メールも書く方法の一つですね。店頭では、ＰＯＰにあたります。

思いを表現する手段として、言葉や文字、絵、陳列（ディスプレイ）、商品のデザインや構成、といったさまざまな方法があり、店頭ではこうした方法を組み合わせて、お客に「花のある暮らしを一緒に送ろう」とメッセージを伝えていくのです。

▼書いて伝える練習をする

第4章で、「ＰＯＰは難しそう」と思ったかもしれません。確かに、花屋さんで働き始めて、いきなりＰＯＰを書こうと思ったらハードルが高いものです。実際に、いきなり書けと言われて、緊張して冷や汗が出て、ストレスで大変！というスタッフはたくさんいます。そこで、ＰＯＰも、家で練習をしておくといいでしょう。

先ほどメールの項で、「店としての回答メールを、花屋さんになったつもりでデモンストレーションして書いてみる」という話をしました。これは、実際に手を動かして書いてみるということです。電話や接客のセリフを実際にしゃべってみるのと同じで、実際にやってみる経験の数の多さで上達していきます。

ＰＯＰは、店から（あなたから）お客に教えてあげたい、伝えたいメッセージを書くものです。「売らなければ！」と売り文句を考えようとするから難しくなるだけで、素直に、花好きの先輩として教えてあげたいことを書けばいいのです。

書こうとするその花・ギフトについて教えてあげたいことは何ですか？　どんなときにその花を

買うといちばんピッタリでしょうか。お客はそれがわからないために、選ぶことができず、買うことができず、その花があることで得られる幸せを逃してしまいます。

さあ、何を伝えたいですか？「ここでこの花を買ってよかった、うれしい、幸せ、また行きたい」と思える、うれしい体験をさせてあげるには、何を教えてあげたらいいかな？、どんなふうに伝えたら、花のことを知らない人でも理解できるかな？、と考えてみましょう。

「買ってよかった」には、買い物時間の気分のよさにはじまって、飾るときの楽しさ、育てる楽しさ、つぼみが開く喜び、香りのかぐわしさ、部屋のなかがすてきになった、長く楽しめた、ギフトを贈った先方の喜び度、周囲から褒められた、などさまざまな要素があります。

これらのことは、どれも「うれしい、幸せ」な気分になりますよね。こうした「うれしい、幸せ」を、何を伝えたらお裾分けできるかと考えて、どうぞ、友達に手紙を出すように書いてみてください。

このとき、花屋さんが使う専門用語は禁句です。そのため、花屋さんの業界用語をまだ知らないいまのほうが、お客に伝わるメッセージを書くことができます。花を買いにくるお客が毎日使う言葉でわかりやすく、友達に話しかけるように書くといいでしょう。

あれもこれも伝えたくて、書きたくてたまらなくなってきたら、あなたも立派な花屋スタッフです。

例：ひまわりのロング束

ひまわりは大きい＝重い！

水が少ないほうが長持ちするので、水が少なくても倒れにくい重い入れ物がおすすめ。

スリムなカッコよさを生かすには、このような細長いガラスや陶器の器がいいです！

茎が傷みやすいので、できるだけ毎日水を替えて、器と茎もよく洗って、変色した茎は切り落とすと長持ちします。

花びらが散っても、芯の部分を飾るとかわいいですよ！

4 花の知識を覚える三つのステップ——何のために覚えるの？

「花の名前や特徴が覚えられません」というのも、花屋さんになりたい、花屋さんで働き始めた方にとても多い悩みです。

ＰＯＰを書くとき「売らなければ」と思うと難しくなるように、花の知識も「覚えなければ怒られる」と感じてしまうと一気に覚えるのが難しくなります。「やらされるいやなこと」と思っている間はなかなか上達しないのです。まず、「早く覚えたい！」と思えることが重要です。そのためには、花の知識は何のために必要なのかをしっかり理解しておくことが大切なポイントになります。

▼花の知識が必要な理由は？

私が花屋さんの店長をしていたとき、実際にあったことをお話ししましょう。

花屋さんの仕事が三年目なはずなのに、仕事や花の知識を覚えていないスタッフがいました。はじめは「やる気がないのでは？」と思いましたが、そうではなかったことがわかりました。「なぜ」「何のために」仕事や花の名前や性質を覚えるのかを知らなかっただけだったのです。「なぜ」「何のために」を伝えたらみるみる覚えていきました。それまでの学び方が原因だったのです。

覚える理由や目的がわかっていて、その目的が自分にとってうれしいことであれば楽しく頑張れる！ということを、そのとき、あらためて感じました。

楽しいと、効率もいい。楽しいから、続く。楽しいと、すべてうまくいく！　あなたも、楽しく覚えていきましょう。

そこで、あなたにも質問です。花の知識は何のために必要でしたか？　もし忘れてしまっていたら、もう一度、第4章を読み返してくださいね。

花の特性を知っておくことで、その花がどんな場面に適しているか、逆に適していないかを理解すること、そして、お客が花を使う場所や時間、使い道に応じて、ピッタリの花を提供できるようになるためです。お客が花を通して幸せな気持ちになるために、その場にそぐわなかったり、グッタリしてしまったり、折れたり傷んだり、こんな花と言われてしまったりして、「花なんて買うんじゃなかった、ガッカリ」という悲しい気持ちになることがないようにしてあげるためです。

それには、花の性質がわかっていて、使い道や時間、場所、移動方法などによって選び分けてあげることが必要なのです。「だから、花の知識をもっていたい」のです。

花を買いにきたお客に、うちの店のお花で幸せになってほしい。その周りの人たちも、幸せになってほしい。だったら、あなたが用途や場面に応じて花を使い分けることができることが必要なのです。

「早く覚えて使いこなしてあげたい」。そう思えるなら、花の知識を覚えるのは難しくありません。

▼花の知識を覚える三つの段階

花の知識を覚え、使いこなしていくには、覚え方にポイントがあります。

花の図鑑を見たことがありますか？　花の名前や特徴がずらっと書かれていますね。あなたは、この図鑑の記載を暗記できますか？　ちょっと難しいですよね。私でも覚えられません。

また、図鑑に載っているのは情報の羅列ですので、丸暗記しても、「使いこなす」こととは結び付きにくいものです。

そのため、図鑑のような本やデータを見て暗記しようという覚え方は向いていません。また、最初からすべての情報を覚えようとするとパンクしてしまいます。

そこで、花の名前や特徴を覚え、使いこなすまでの段階を三つに分けて考えます。次のような順番で覚えるようにすると、早く花の知識を使いこなすことができるようになります。

①名前と見た目の一致

大きな括りの名称（科・属）がわかる。

②分類・性質・特性
　種のなかでの分類やその特性がわかる。

③使いどころの提案
　特性を考慮して、実際に「どこにどう使うのがいいか」「どういうときには使えないか」、状況に応じて植物を選択し、お客に提案することができる。

　③ができることが目的地ですが、いきなり③ができなくてはならない！と思うと、これも「やらなければ」になってしまって、肩に力が入りすぎてしまいます。
　まずは①から順番に始めます。花屋さんで働く前の段階なら、まずは①の花の名前と見た目の一致（科・属）から始めましょう。なぜなら、細かい性質は、実際に毎日花に触れないとわからない、図鑑には載っていないことばかりだからです。

　花には咲く季節がありますので、花のサイクルを一周見るのには一年かかります。なので、すべての花を見終える「花屋さんで働き始めて一年後」に③ができるようになることを目標にすると、覚えがとても早くなります。

　それでは、順番に詳しく見ていきましょう。

　切り花と鉢物とではかなり違いますので、別々に見ていきますね。

5　切り花の名前や特徴・扱い方を覚えるコツ

▼名前を覚える（名前と見た目の一致）

まずは切り花の、名前と見た目の一致です。大きな括りの名称（科・属）がわかれば、第一段階クリアです。

これは、花を見たら、「これはこの花の仲間」とわかる、ということです。たとえば、菊を見れば菊の仲間だとわかる（キク科キク属）、チューリップを見ればこれはチューリップの仲間だとわかる（ユリ科チューリップ属）、ということです。

おそらく、菊やチューリップ、カーネーション、ひまわり、ユリ、ラン、コスモス、たんぽぽ、ガーベラ、かすみそうなど十種類くらいは、きっとすでに知っていると思います。ですが、花の種類はもっと膨大です。どのように覚えたらいいかというと、いちばん早いのは、「花屋さんに行って、実際に見ること」です。

見た目から名前がわかればいいので、本やインターネットの花図鑑でも、ある程度はインプットできます。ただ、本物の生きた花を見たときに写真の印象と一致しないことも多いので、写真を見ただけではベストな方法とはいえません。写真だと、全体の大きさや太さ、質感、花びらの柔らかさや香りといったことがわからないため、実物を見たときに、写真から感じていたイメージと違っていて混乱したり、あらためて覚えなくてはならないこともままあるのです。もちろん、入荷しにくい珍しい花を知るために、図鑑の写真は大いに役立ちますが、図鑑だけで覚えようとしないことが大切です。

花の「科・属」の一例

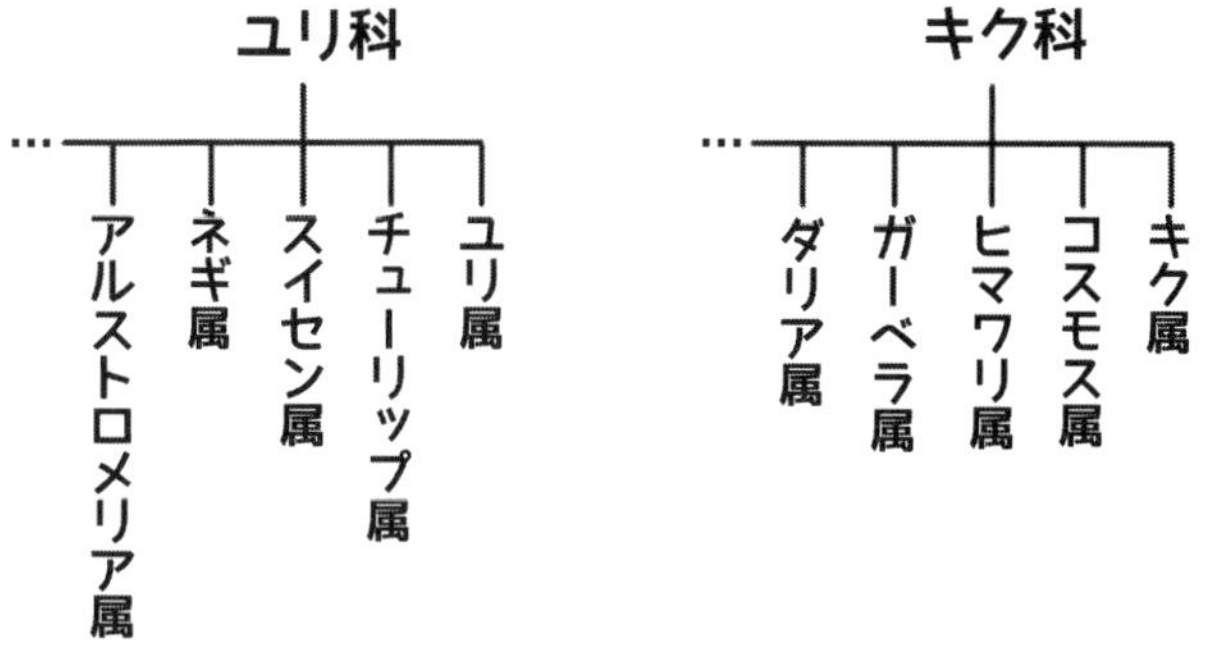
キク科
キク属
コスモス属
ヒマワリ属
ガーベラ属
ダリア属
ユリ科
ユリ属
チューリップ属
スイセン属
ネギ属
アルストロメリア属

実物を見て触れると、大きさや太さ、質感、香りが「体感で」わかります。実際に「ああ、キレイ！」「かわいい！」「かっこいい！」「いいにおい！」のように感じると、忘れません。花の名前も自然に覚えます。体の五感をフルに使っているからです。

写真を見ただけの花はすぐ忘れてしまいますが、実際に目で見て触れてにおいをかいで体で感じると、記憶の引き出しから取り出しやすくなります。

いますぐ花屋さんで働く予定がなくても、花屋さんの花は「一年かけて一周」します。年間を通して、並ぶ花が変わります。すべての花を見るのには、どうやっても一年かかるのです。どうぞ、「まだ先のこと」と思う期間があるなら、一年間の花を覚えてみてください。週一回通うと、花屋さんに出回る花をほぼ見ることができます。

就職するときにも、花屋の仕事の経験がなくても、花屋さんの花が一年分ほぼわかります！と言ったら、面接する店長もあなたの熱意に期待するでしょう。

花屋さんで実物の花を見るためには、店頭を見て、花名と値段を明記している花屋さんを選びます。もし花の名前を書いている花屋さんが、家や職場の近くなど通える範囲にない場合は、できるだけ店員さんが親切そうな店を選んで直接、花の名前を聞くといいです。

次の段階の性質や扱い方を知るためにも、毎週、違う花を一本買ってみましょう。そして、花を買うときに名前を聞いてください。できれば「この花はどんなふうに楽しむのがおすすめですか？」とも聞いてみましょう。扱い方や使い方を教えてくれるでしょう。このときに、その店が親切かどうかがわかります。

花を買うお客には、普通は花の名前と扱い方くらいきちんと教えてくれます。「どんなふうに飾ったらおすすめか」なんて聞いてくれる人には、花への愛を感じますから、同じように花が好きな店員なら、喜んで教えてくれるものです。名前と扱い方を親身に教えてくれ、メモ紙に書いてくれたりしたら、ぜひ同じ店に通いましょう。

もし、つっけんどんにされたり、花屋さん自身が花の名前や魅力を知らなかったりしたら、ほかの店に行ってみましょう。花屋さんもピンキリなので、自分で「お手本になるいい店」を探す必要があります。

花の名前を聞きながら同じ店に三回も通えば、店員のほうから話しかけてきてくれる可能性が高いです。そこで、「花の種類を勉強したい」ことを伝えられたらしめたもの。喜んで、その日に入荷しているいろいろな花を教えてくれるでしょう。この段階までくれば、メモ帳を出して教えてくれた花の名前を書いてもOKです。

なお、花の名前を覚えるとき、細かい品種名までは覚えなくてもかまいません。もちろん、覚えたいものはどんどん覚えればいいのですが、無理をして品種名まで覚える必要はありません。花には、新品種が毎年どんどん出て移り変わるので正直、全部は覚えられません。

品種名よりも、「花が大きめ／小さめ」「花つきが多い／少ない」「花びらが丸い／とがっているる」といった、だいたいの植物の身体の特徴で分類すると、性質が似ているので、あとで知識を使いこなしやすいです。

どういうことか、詳しく説明しましょう。

▼分類・性質・特性を覚える

名前がわかるようになったら、次に覚えたいのが特徴による分類と、分類ごとの性質・特性です。性質・特性とは、たとえばチューリップなら、次のようなものです。

・朝開いて、夜閉じる
・気温が高いと、ガバッと開いてユリの花のようになり、茎も伸びる
・ある程度開ききると、閉じなくなる
・ガバッと開くと花が体力を消耗するので、持ちが悪くなる
・ガバッと開きやすい品種と、開きにくい品種がある

・茎が伸びると枝垂れて下向きになる
・茎が伸びやすい品種と伸びにくい品種がある
・好みや使い道に応じて品種を選ぶといい
・花びらが開閉しにくい、低めの気温で暗めの場所に置くと長持ちする

このため、「茎が伸びやすい／伸びにくい」「花がガバッと開きやすい／開きにくい」などの性質で分類して覚えておくと、実際に花束やアレンジメントを作るときの使いどころが同じになります。そしてこの性質は、見た目から予測ができるのです。

チューリップの場合は、もともと茎が長く、花のサイズが大きい品種が、茎も伸びやすく、花がガバッと開きやすい傾向にあります。

そこで、見た目の特徴で分類して覚えておくと、実際に店頭で商品を作るときに花を選びやすくなるのです。

こうしたことは、図鑑には載っていません。実際に花を飾る経験を積んだ人にしかわからないことです。ですから、もし、大先輩である花屋さんに話が聞けたらとても大きな収穫です。

花屋さんにそこまで話が聞けなくても、自分で花を買って帰ることで、同じことをあなた自身が経験から学び取ることができます。話を聞いた場合でも、聞いた話とあなたが実際に経験することではインパクトが違います。あなた自身が経験することで、忘れない記憶となります。

たくさんの花の名前と性質を覚え、情報を積み上げるのは「使うため」ですから、実際に使った

経験が何より重要になります。

たとえば、花がガバッと開きやすく、茎も伸びやすいチューリップを明るく暖かいリビングの窓辺に置いたら、一日で違うウネウネ植物になってしまった！なんていう経験は、忘れられないですよね。そうすると、「チューリップは、置き場所・使い道を考えて品種を選ぶものだ」ということを、身をもって理解します。忘れることはありません。

チューリップ　品種による性質の違いと用途の例

・低い場所に飾るとき
・ピチっとした形の
アレンジメントに
・伸びたら困る
ミニブーケに
しっかり
茎固い
開かない
タイプ
伸びる
しだれる
ぱっと開く
タイプ
・高い場所から
枝垂れさせる
・茎が踊ってキレイな
投げ入れにする

自分で買った花は大事に扱いますよね？　できるだけ長持ちするように、置き場所や水の深さ、切り方など、きっといろいろ心がけるでしょう。

そういう部分で、実際に店で花の手入れをしている花屋さんと同じ経験ができるのが、「自分で花を買って飾る」方法なのです。

もし、花を一本単位で買わせてくれないとか、いやな顔をする花屋さんがあったら「こんな店にはなりたくない」という学びにもなります。

こうして、毎週花を飾るようにすると、本には載っていない、実際に花を飾ってみなければわからない次のようなことを、たくさん学ぶことができます。

・どの花が、グッタリしやすいか
・どの花が、何日くらい楽しめるか
・どの花に、どんな香りがあるのか
・この花は、ここに置いたほうがきれい
・この花は、花びらに傷がつきやすい
・この花は、花びら／葉／花粉が散りやすい
・この花は、カビが生えやすい
・この花は、水が濁りやすい
・この花は、花粉が散りやすい
・この花は、こうなってきたら終わりのサイン

図鑑を見て覚えようとすると、花の性質まで覚えることは、花の名前だけを覚えるよりも難しいことのように感じますが、この買って飾ってみる方法だと、花の名前を覚えることと性質を覚えることは、一緒にできます。

花屋さんに並ぶ花のことを「きれいだな、かわいいな」と思っていれば、「この花のことを知りたいな」と思うのは自然なことであって、飾ってみていろいろな経験とともに花のことを知ることは、難しくも苦痛でもなく、きっと楽しいことだと思います。

どうぞ、花屋さん通いと一本の花を飾ることを、まずあなたが楽しんでみてください。あなたが

花が好きで、経験したことは、将来そのままお客の幸せにつながります。

こうやって花の知識を積み上げていくと、見たことがない花や新しい品種を見たときに、これまでの頭のなかの統計データに照らし合わせて、「これと似た見た目だから、これと似た性質かな」と分類をしていくことができます。

見たことがない種類でも、いままでの統計に照らし合わせて、飾るときに、どこに置いてどのような手入れをするか、何が向いていて、何がその花にとってダメなのかが予測できるようになります（チューリップなら「花が開きやすい／開きにくい」「茎が伸びやすい／伸びにくい」で、置き場所や使い方が変わることがわかる、ということ）。

「頭のなかのデータバンク」ができてくると、その先の「使いこなす」が見えてきます。

▼自分で買ってみてわかること

その前に、花屋さんに行ってみることで学べることがほかにもたくさんありますので、お話ししておきます。

実際に花屋さんに行ってみると、花に名札がない店や値段だけが付いている店、花の名前と値段が付いている店、さらにおすすめの置き場所や手入れ方法が書いてある店があることがわかります。

花の名前を聞いてみたとき、教えてくれない店、スタッフも名前をわかっていない店、名前だけ教えてくれる店、おすすめの飾り方も教えてくれる店、メモに書いてくれる店があることもわかります。

あなたは、どんな店、どんなスタッフになりたいですか？　自分で買い物をするだけで、あなたのなりたい未来像、お手本を見つけることができます。

お手本の店や店員が何を心がけているのかを、本章の冒頭でお話しした「なぜ、そうするのか」「なぜ、あなたがうれしいと感じたのか」を冷静に振り返って考えてみると、あなたの未来の行動指針が見えてきます。あなたがしてもらってうれしかったことをすればいいのですから。

逆に、「もう来たくない店」「こうはなりたくない姿」も見ることができたと思います。なぜ、いやだったのでしょうか。好きな花屋さんのことは、なぜ、いいと思ったのでしょうか。いやだと思った対応とうれしいと思った対応との違いをじっくり考えるようにすると、自分が店に立ったときにとても役立ちます。そのときに感じた「あなた自身の感想」がポイントです。あなたがお客として感じたことは、あなたが店側に立ったときにお客が感じることと同じです。

自分から「いやな店になりたい」なんて思う人は、普通はいません。でも、何が分かれ目なのかがわかっていないと、そんなつもりがなくても、お客にとっていやな感じになってしまうことが多々あります。どこが決定的に違うのか、じっくり考えてみてください。

さらに店の人と仲良くなったら、「実は働きたいんです」と切り出すのもアリです。母の日や年末アルバイトから入れる可能性も大いにあります。

▼花屋さんで働き始めたら

花屋さんで働き始めることができたら、もっとずっと早く、花の名前と見た目を一致させられる方法があります。

花の入荷時に毎回、花の名前と値段を値札に書いて花に付ける役目を名乗り出ることです。そうすれば、あっという間に季節の花の名前を覚えることができます。花は、季節でどんどん移り変わるので一年間の花を覚えるためには一年かかりますが、最も早く覚えることができます。

花がきれいに見える飾り位置は、バケツを並べる仕事をするとよくわかるようになります。花の性質も、毎回、水を替えて手入れをするときにじっくり花と向き合うと、とてもよくわかるようになります。

何の目的も見えないままおこなう「値付け」「バケツ並べ」「水を替える」「花を手入れする」といった作業は苦痛になりがちですが、お客にいい状態の花を渡せるように、できるだけこの花の魅力を楽しんでもらえるように、そして花があってよかった！と思ってもらえるように、と考えたら、どの作業もやりたくてたまらないものになっていくはずです。

こうして花の名前・分類・性質・特性を覚えることで、③使いどころの提案ができるようになっていくでしょう。

6　鉢物の名前や特徴と育て方を覚えるコツ

▼根つきものは「散歩が勉強」！

次は鉢植えの植物の覚え方です。鉢植えのように根っこがついた植物は性質や特性を覚えるのが難しいと感じる人が多いようですが、覚え方は切り花よりもずっと手軽で簡単です。

鉢植えで出荷される植物の名前や特徴などを覚えるコツは、毎日楽しく植物を見ながら歩くこと、そして、自分で育ててみることです。まずは散歩だけで十分です。

花好きな人にとって、花や植物に目を留めながら歩くことは苦でも何でもなく、とても楽しいリラックスできる時間だと思います。

切り花と違って、道を歩くだけで、次のことをすべて自分の目で見ることができます。

・どの植物がどんなところに生えていて（植わっていて）
・どんなところに生えているものほど育ちがいいか
・いつ花が咲くのか
・いつ実がなるのか
・紅葉するのか葉は散るのか

・一年で終わりか、毎年楽しめるのか
・虫がつきやすいか
・病気になりやすいか

切り花の場合、田舎《いなか》ほど花屋さんが少ないので探すのが大変になりますが、根つきの鉢植えの場合は、田舎のほうが生えている植物の数が多く、とてもたくさんの植物を見ることができます。

散歩なら、いつでもできます。散歩の時間をわざわざべつにとらなくても、毎日の買い物や子どもの送り迎え、通勤といった、家の外に出る時間は日常的にあるはずです。このときに、少し時間の余裕をもって出発し、周囲の植物たちを楽しく観察しながら眺めて歩くだけで、花屋さんの店頭で花の手入れをするのと同様、またはそれ以上の花の知識が体感で得られるのです。

鉢植えの場合、店頭に商品がある期間だけでは、店頭に並んだ植物の生きるサイクルを見ることができませんが、散歩に出ると、植物の生きるサイクルを観察することができるからです。

人の家の植物でも公園の植物でも、目で見て触れて匂いをかぐことができます。もちろん、自分で育てるとさらにたくさんのことがわかりますが、星の数ほどある植物を全部育てることは不可能に近いです。その点、散歩なら、誰にでもできます。

家に庭がないから鉢植えはわからない、ガーデニングをしたことがないから無理、園芸のプロじゃないから無理、と思っているといつまでもわからないままですが、散歩でこれだけの知識が身につくのです。やらない理由はありません。いまのあなたにできることは、必ずあります。

鉢植えも種類が膨大にありますので、細かい品種名や、図鑑に書いてある記載を丸ごと覚える必要はまったくありません。切り花と同じように、ざっくりと仲間分けをして、特徴で分類して覚えておきましょう。

▼名前と見た目の一致

切り花と同じように、「これは菊の仲間」「これはチューリップの仲間」「これは桜の仲間」といったざっくりした分類（科・属）まででかまいません。大まかに、何の仲間かがわかっていれば十分です。

▼植物の名前を知りたいときは

散歩の場合、花屋さんの店頭ではなく道ばたで見ているので、植物の名前（何の仲間か、まででいい）がわからないことがよくあるでしょう。こんなとき、いちばん早いのは、名前を知りたい植物の写真を撮って、知識がある人に見せて聞くことです。いつも切り花を買う花屋さんに写真を見せて聞いてしまうのがいちばん早いです。この方法は、写真の撮り方にコツがあります。全体の大きさと株姿がわかる引いた構図と、葉のアップ、花のアップのように細部がわかる写真を二、三枚撮ります。スマートフォンの画面を見せて質問すればいいでしょう。

ただし、花屋さんも人です。花屋さんは作業量が膨大でとても忙しいので、あまり聞かれてばかりでも困るというのが本音です。これができるのは「毎週通っている常連さんだから」という条件付きだと思ってください。

自分で調べるなら、図鑑とインターネット検索があります。調べやすいのは図鑑です。属（菊・チューリップなど大きな分類）ごとに代表的な品種の写真が載っていますので、ぱっと見た目で探しやすいです。家に一冊、図鑑があると便利でしょう。

切り花と鉢植えでは、花屋さんに出回る種類が違うため、『切り花図鑑』『鉢植え図鑑』のように分かれているものだと両方必要です。切り花も鉢植えも載っている図鑑があれば、一冊ですみます。数冊選択肢がある場合は、花にまつわる豆知識や神話などが載っているものを選ぶと、花屋さんで将来働いたときに、お客との会話の引き出しが増えて便利です。

インターネットで調べる場合は、だいたい、あなたが見た目で属名（菊・チューリップのような大まかな分類でこの仲間、というもの）が想像できたら、属名を検索窓に入れて、画像検索をすると見つかりやすいです。

この仲間かな？という候補が数種類あるときは、全部調べてみましょう。どの植物の仲間かまったく想像できないときは、花の色や咲く時期で検索できる『見た目検索図鑑』などがありますので活用してください。

▼分類・性質・特性（育て方）を覚える

想像がつくと思いますが、育て方も、図鑑や園芸書とにらめっこする必要はまったくありません。図鑑や入荷品のラベルには、次のような情報が記載されています。

よくある ラベルの記載例

・日当たりと風通しのよい所
・1週間に1度液体肥料を
・キク科多年草

○○科、○○目、一年草・多年草・落葉低木といった分類記載と、「水はけがよく、日光を好みます。開花中は週に一度液肥を与え、花がらはこまめに摘み取ってください」。いろいろな鉢植えのラベルを見比べてみるとわかりますが、ほとんどの植物に同じような内容が書いてあります。では、どの植物も同じでいいのでしょうか。

実際には、日光も水も四パターンくらいに分けて考えたほうがいいのですが、ラベルには、具体的にどのくらいの湿り気ならいいのか、何時間くらい日が当たればいいのか書いていないのでわかりません。そのため、その植物に合わないところに置いてしまい、すぐに枯れてしまうことがよく起こります。

さらに、「開花中は週に一度液肥を与え」と書いてあることがありますが、ここまで世話ができるのは、プロの農家やプロ並みのガーデナーだけでしょう。これから花を買ってみたいという人に週一回の手入れを指示してもできないので、結果、枯らしてしまうことが多くなります。

ラベルや図鑑そのままの記載だと、「実際、今日、ここで、どうしたらいいのかわからない」のです。

そこで、次のように「同じ世話でいい仲間」を分類していくとわかりやすく、店でも家でも世話がしやすくなります。

＊おすすめの分類

●日当たり‥

日当たりが三時間以上必要

日なたがいいが、半日陰でもいい

半日陰のほうがいい

日かげがいい

●水やり‥

カラカラになってからあげる

表面が乾いたら早めにあげる

乾かないようにこまめにあげる

常に水に浸しておく

基本的には、まずこの日当たりと水やりを分けられればいいでしょう。さらに、一緒に覚えるとよりいいのが次の二つです。

表4　育て方を考える時の分類

日当たり	いい(3時間～)	半日陰でも可	半日陰	日かげ	
水やり (湿度)	カラカラに なったら	乾いたら	乾かさない	水中	
冬の温度	零下・雪下ＯＫ	凍らない	霜が降りない	5℃以上	
寿命	１年未満	１～２年	多年草・球根	樹木	
花期 (鑑賞期)	春	夏	秋	冬	四季・ 春秋

例：サボテン

日当たり	いい(3時間～)	半日陰でも可	半日陰	日かげ	
水やり (湿度)	カラカラに なったら	乾いたら	乾かさない	水中	
冬の温度	零下・雪下ＯＫ	凍らない	霜が降りない	5℃以上	
寿命	１年未満	１～２年	多年草・球根	樹木	
花期 (鑑賞期)	春	夏	秋	冬	四季・ 春秋

例：チューリップ

日当たり	いい(3時間～)	半日陰でも可	半日陰	日かげ	
水やり (湿度)	カラカラに なったら	乾いたら	乾かさない	水中	
冬の温度	零下・雪下ＯＫ	凍らない	霜が降りない	5℃以上	
寿命	１年未満	１～２年	多年草・球根	樹木	
花期 (鑑賞期)	春	夏	秋	冬	四季・ 春秋

●植物の寿命：一年草・多年草・樹木
●花の咲く時期：春・夏・秋・冬・四季（通年）

肥料に関しては基本、一年草なら植え込み時、多年草や樹木は、植え込み時と成長期に緩く長く効く肥料を与えます。

毎週液肥を与えなくても、そこそこには育ち、花も咲きます。農家ではとても美しく花つきよく仕立てなければなりませんが、家庭に同じレベルは求められていません。簡単な世話で、そこそこキレイに楽しめれば十分なのです。

この分類で覚えると、「多肉植物は半日陰でも可のカラカラ系」と記憶したら、「多肉系なら、同じ」と考えればいいということです。

「ヨーロッパのハーブ類は基本、日当たりよくカラカラ、肥料もいらない、多年草や樹木が多く、花は基本、春秋」と覚えたら、ハーブはどれも一緒でOKということです。

ただし、ハーブの場合はミント類だけ「半日陰OK、じめじめOK」と分けて覚えるものがあります。同じように、分けて覚えるべきものがあるときは、それだけを覚えればいいでしょう。もし可能なら、冬と夏に耐えられる温度を、植物の生まれ故郷から考えてみるとなおいいですね。

▼ざっくり分類でいいの？

「そんなに大雑把でいいのでしょうか？」という質問をよくいただきます。

いいのです！　なぜなら、お客はプロではなく、初心者だからです。あなたもわからないように、お客もわかりません。

わからない状態のときにいきなり、難しい世話をいろいろやらなければ、覚えなければ、と言われると、そもそも何もできず何も覚えられない、ということになってしまいがちです。あなたもいま、そう思っていませんか？

そこで、最初に必ず押さえるべきことだけに絞って覚えることで、段階を踏むことができます。細かいことは、もっと慣れてから覚えればいいのです。液体肥料や剪定など、細かい世話を見ていけばキリがありません。あなたもお客も農家ではないのですから、花屋さんでは家庭で楽しめるレベルでいいのです。

このざっくりした分け方を使って、店に鉢を並べるときや寄せ植えを作るときも、同じ環境に住める植物を一緒にしてあげることができます。

▼あなたが学ぶ「道のり」こそが宝

この分け方で説明すると覚えやすいので、お客が実行しやすくなります。お客が実行できることはとても重要です。実行して、植物が枯れずに花もよく咲き、楽しめた、といううれしい報告や店の高評価につながります。

お客が実行できない難しい説明は、できないためにやらないのですぐに枯れてしまう、花屋さんの評価が落ちる、ということになります。

その意味でも、図鑑に載っているような難しい内容ではなく、できるだけ簡単にした内容を伝えることがとても大事なのです。

あなたが家で植物を育てようとしたときに、専門書の細かい説明を見て「やってみたい！」と思えるかどうかを考えてみるとよくわかるでしょう。逆にやりたくなくなってしまうと思います。花を育てるのは、自分には無理、と思ってしまうかもしれません。

「日当たりがいいところに置いて、土がカラカラになったらザーッと底から水が出るくらいたっぷり水をあげてね」だけだったら、「やってみようかな」という気になりませんか？

そんなあなた自身が覚えやすい分け方・実行できる世話を、お客に伝えることが大事です。そして、できるだけ、あなたも実際に植物を育ててみましょう。実際にやってみると、自信をもって「この世話で大丈夫ですよ！」と笑顔で言えるようになります。

お客にも毎日の生活があります。学校や仕事に行く、家事やＰＴＡに忙しい――その合間に花を買って飾る・育てることを提案していくのが花屋さんです。あなた自身が働きながら簡単な世話をして、植物がいつも元気でいてくれて、花のある暮らしが送れているという身近な先輩がいると、お客もとても買いやすくなるのです。

あなた自身がやって成功した方法なら、あなたも自信満々に話すことができますし、もし、あなたが花を枯らしてしまったら、何がいけなかったのかも実体験をもって説明してあげることができますので、お客は同じ失敗をしなくてすみます。

いまのあなたの不安とお客の不安はまったく同じです。いまあなたが花に対して全然わからない！と思っている不安はそのまま、お客の気持ちなのです。

ということは、あなたがこれからその不安を払拭する道のりをお客に先輩として話してあげることが、最もすばらしい説明なのです。

これから花に詳しくなりたいあなたは、お客の半歩先を歩く先輩です。むしろ、いま、プロ級でなくお客と同じだから、いいのです。なぜなら、お客の気持ちがわかるからです。あなたがこれからやること・やったことをそのまま教えてあげればいいのです。

そう思うと、ただ植物図鑑の内容を暗記しなければならない！と思うよりもずっと楽しそうではありませんか？　ぜひ、この方法を試してみてくださいね。

7 「いまできること」を前向きにやろう

▼すべて毎日の生活で学べます

このように、気持ちいい対応や花屋さんのスキルは、実はすべて、毎日の暮らしのなかで学ぶことも身につけることもできます。いまやっていること・できることを「未来に生かす・つなげる」意識をもつことが大切です。

・本を読むとき

・いまの職場の仕事をするとき
・アルバイトやパートをするとき
・あなたが見た感じのいい店などの手本をまねするとき
・両親や恩師が教えてくれたこと
・家庭内で毎日できること
・毎日の買い物でできること

いろいろな「こうしなさい」「こうしたほうがいい」を学ぶでしょう。その内容について、いつも「なぜ、そうするのか？」を考えるようにすると、応用力が身につきます。

職場のマニュアルやマナー本に書いてあるようにおこなうと、「どのあたりが、どうお客にとって親切なのか、いいのか」「そうしなかった場合とどう違うのか」を考えることで「なぜ、その方法がいいのか」が腑に落ちます。腑に落ちると、「やらなければならない」とか「やらされている」のではなく、「こうすると、お客にとっていちばんいいから、喜んでもらえるから、やりたい」という自発の意識になります。

また、「なぜ、そうするのか」の本質部分の理由をわかっていると、ちょっと変わったケースのときにも自分で対応できるようになります。そのときどきの対応に、「これが百パーセント正解」というものはありません。

だからこそ、その場その場で自分で考えることができるようになるために、毎日、会話する相手にとって、電話の向こうの人にとって、パソコンやスマートフォンの向こうの人にとって、どう言えば伝わるのか、わかりやすいのか、親切なのか、常に考えてみるという意識を向けることがとても大切です。意識を向けるだけなので、いまの仕事や家庭の状況によらず、いつでもトレーニングすることができます。すでにあなたの身の回りにある、ちょっとしたことがすべてつながっているのです。真面目に真剣に本気で「つながっている」と思って、意識して毎日を過ごせばそれだけでとても大きな学びになります。

できないことや金銭的にムリなこと、自分の弱点ばかりに目を向けるのではなくて、いまできること、いま持っているもの、自分のいいところに目を向けましょう。何かしらあるものです。それに、できないことより、「できること」を探すほうが楽しいですよね？

花屋さんは、お客に、花のある暮らしの楽しさを伝える仕事です。だからまずは、あなたが楽しむことを忘れないでくださいね。

第６章　花屋さんに就職するには

１　花屋さんで求められる人材とは

それではいよいよ、実際に花屋さんに就職するときに必要な心構えと、就職するための手順をお伝えしましょう。

まずは、花屋さんにとって、店で働いてほしいのはどのような人物なのかを把握しておくことが大切です。そして、あなたが花屋さんにとって「ぜひ働いてほしい人物であること」をアピールする、花屋さんに対して「私はあなたの店に貢献できる人物です」と伝える作業が就職活動であることを覚えておきましょう。

「就職活動はいやだな、苦手だな」と思っているかもしれません。そんなときは、ちょっと見方を変えてみましょう。

あなた自身が笑顔で楽しく働ける環境を見つけるのが就職活動です。あなたにピッタリ合う経営者や仲間のスタッフと出会うためのお見合いの場だと思ってみてください。

お見合いなのですから、「この人は苦手だな、いやだな」と思ったら、あなた自身にも断る権利があるのです。すてきだなと思う店や店長、先輩に出会うために、ちょっとだけ勇気を出してみてくださいね。

▼花屋さんはこんなスタッフがほしい

花屋さんがほしいスタッフの姿は、本書ですでにお話ししています。第4章で紹介した必要な仕事のスキルのために、第5章で紹介したような自発的な行動ができる人です。

花屋さんは多忙なので、ゆっくり新人に仕事を教えてあげる時間はなかなか取ることができません。日常業務を普段の人数でこなしながら、そこにあなたのような新人が入ってくることになります。そうすると、ずっと手取り足取り仕事を教えてあげることはできないのです。そのため、指示をしなくては動けない人は、ずっと店で何の仕事も覚えられず、何もできないままになってしまい、それでは雇う店側も困ってしまいます。

そんな多忙な花屋さんの仕事を見て、先輩のまねをして動くことができたり、自分で考えて必要であろうことを率先しておこなうことができる人が、花屋さんから見てうれしいスタッフです。

といっても、第5章でお伝えした「いまできることを確実にやって自分の力にする」ことをコツコツやっているあなたなら、心配いりません。もう、この「自分で考えて動く」ことがきっとできるでしょう。

2　求人募集の探し方

花屋さんの求人の探し方は、専門分野のため少し独特です。いわゆる求人広告にはあまり載っていないことが多いので、次のような場所を探してみるといいでしょう。

▼店頭張り紙

花屋さんで最も多い求人方法は、「店頭にスタッフ募集の張り紙をする」です。

この店頭への張り紙しかしていない店が多いので、なかなか求人を見かけないと感じるのかもしれません。これは、第5章でお伝えしている花屋さん通いをしていると、発見できる可能性が高まります。

花屋さんに通って買い物をしながら、好感触の感じがいい花屋さんを見つけておくと、お気に入りの店のスタッフになれるチャンスが広がるのです。

このあと詳しくお話ししますが、実際に花屋さんの店頭に出向いて、どんな店かをあなた自身の目で確かめてから応募することも、希望の花屋さんに就職がかなうかどうかの大きな境目になりますので、できるだけあなた自身の足で通える範囲の街を歩いて、花屋さんをめぐり、買い物をしてみる経験を積むことをおすすめします。

その過程で、求人募集の張り紙に出合えたら応募する、ということになります。

▼求人サイト

一般的な求人情報サイトには花屋さんの求人は少ないですが、「花仕事」の求人がまとまって掲載されているウェブサイトも存在します。

ウェブサイトは移り変わりが激しいので、検索窓に「花　求人」と入力して検索すると現在、募集している求人が出てくるでしょう。

〈二〇一七年六月時点の例〉

◎「フラワージョブ」（http://flowerjob.net/）

◎「フラワーワーク」（http://flowerwork-info.jp/）

▼公共職業安定所

公共職業安定所に行くと、地域の花屋さんの求人が出ていることがあります。紹介してもらうには登録手続きが必要ですが、情報を閲覧して探すのは一つの手といえるでしょう。

▼求人情報誌

一般的な求人情報誌やウェブサイトでは、花屋さんの求人はなかなか見つからないことが多いのですが、花専門の雑誌（一例：「フローリスト」〔誠文堂新光社〕）を見てみましょう。花の仕事をしている専門職の人が見る雑誌には、求人情報が載っていることもあります。

▼学校への求人

これは、専門学校や農業高校・農業大学（農学部）に通う学生に限られますが、特に株式会社として経営している花屋さんは、学校に求人を出していることがあります。学校の就職相談の窓口で聞いてみましょう。

3 応募前に確認しておくこと

求人情報が見つかった！といっても、すぐに応募するのはおすすめしません。

花屋さんに限った話ではありませんが、実際の職場がどのような場所で、いま働いている人たちがどのような働き方をしているのか、あなた自身の目でしっかりと確認して、「この店で働きたい！」と思ってから応募することをおすすめします。

▼後悔しないために

花屋さんは、個人の店や家族経営の店といったごく小規模の店が多いものです。会社が経営している場合でも、各店の運営は店長に一任されていることも珍しくありません。

そんな花屋さんで働くにあたって最重要ともいえるのが、「どんな店長なのか」「店長はどんな店を作っているのか」「あなたと店長との相性」といった、店長とあなたがうまくやっていけるかどうかという面です。

これを判断するためには実際に店に出向いて、どんな店なのか、そこで働く人は楽しそうか、お客は幸せになっているか、あなたは、その店で楽しく働けそうか、をあなた自身の目で確かめましょう。

もちろん、面接時に店長やオーナーと会話しますので、そのときにも判断はできますが、応募して面接をする前に、「この店では働きたくない」と思う店は除外しておいたほうがいいでしょう。

それでは、どこを見れば、店長の人となりや、どんな店かを垣間見ることができるのでしょうか。

次に挙げるような部分を意識して店に買い物に行ってみると、おおよそどんな店なのかを把握することができます。

▼店の雰囲気を感じる

まずは、店に足を運んでみます。近所まで来て、店が見えてきたら足を止めて眺めてみましょう。

通りを挟んだ斜め向かい側くらいから、ちょっと引いて見てみます。

少し離れて見て、店全体が醸し出す雰囲気を感じます。店構えや店外の陳列、働くスタッフの動きや表情、行き交う人々との交流……といったことを観察します。

「観察する」というと、花屋さん側からするといやがられるのではないかと思うかもしれませんが、花屋さんは常に、お客から観察され、チェックされ、評価されているのですから、あなたがお客として同じように店をチェックしてもいいのです。

お客に寄り添い、スタッフにも寄り添う、いい雰囲気の店の場合は、醸し出す空気が和んでいますので、なんとなくわかるものです。

とはいっても、自分には感じられないのではないかと不安もあることでしょう。そこで、お客のことをきちんと考えて運営している店である可能性が高いチェックポイントをお伝えします。

①花の品質管理面

・店の掃除ができている。

・並んでいる品物が手入れされていて、きれい。

・並んでいる植物が元気そう。

②お客が自分で判断できるための気遣い

・値札がきちんと付いている。

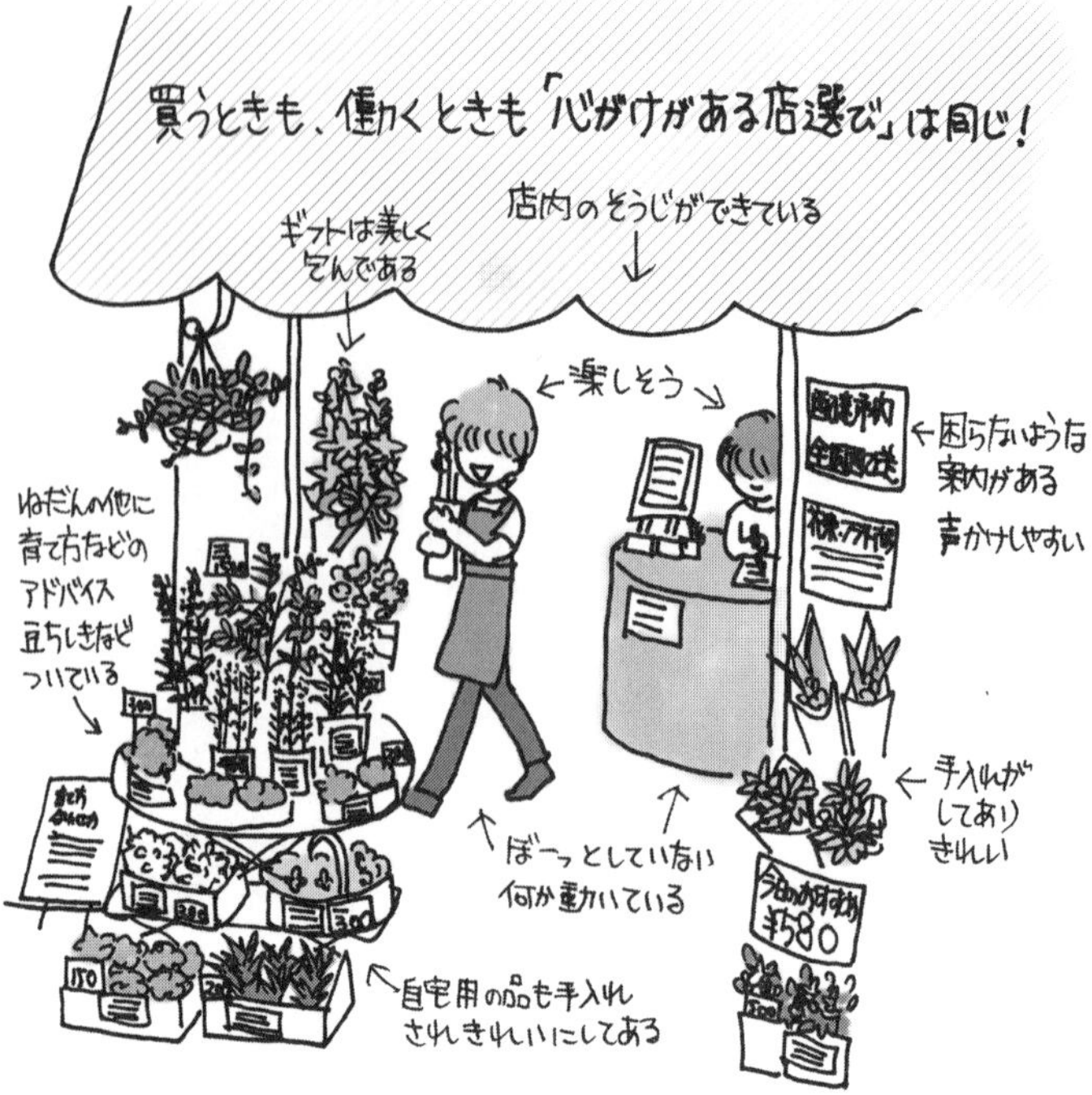
買うときも、働くときも「心がけがある店選び」は同じ！
店内のそうじができている
ギフトは美しく包んである
楽しそう
困らないような案内がある
声かけしやすい
ねだんの他に育て方などのアドバイス豆ちしきなどついている
手入れがしてありきれい
ぼーっとしていない何か動いている
今日のおすすめ ¥580
自宅用の品も手入れされきれいにしてある

・植物や商品の説明、使いどころなどが書いてある。
・配送や配達などの説明書きがある。

③花を楽しめるように楽しく買い物してもらおう、という意欲
・季節のおすすめやイベントのコーナーがある。
・スタッフがくるくるとよく動いていて、足取りが軽やか。
・店の前を通る人に笑顔であいさつをしている。

このような店の場合、運営している店長やスタッフ間の人間関係が良好で、店のお客に対しても親切な運営を心がけている

といえるでしょう。

ただし、これはあくまでも可能性の話ですので、このような外観でない店がすべてお客への気遣いが足りないとか、この外観であればすべていい雰囲気の店だと言い切ることはできません。

▼買い物をしてみて、スタッフの働く様子をよく見る

次に、店に近づいて、外の売り場から回ってみましょう。あなたがお客になってみるのです。お客になることで、その店のお客への対応や仕事ぶりがわかります。

これも、花屋さんがいやがるのではないかと思うかもしれませんが、あなたはお客なのですから、お客として買い物をしたいと思える店かどうかの判断をするのは自由です。

このとき見ておくべきは、①お客への態度、②スタッフ同士の仕事の分担や雰囲気、③どんなスタイルの店か、の三点です。

①お客への態度：気持ちいい買い物ができるか

・スタッフの声のかけ方は気持ちいいか。
・希望の花を選ぶことができたか。
・会計のときの対応も気持ちいいものだったか。
・持ち帰りの包装は丁寧で、自宅に戻っても花が無事だったか。
・買って帰った花は長く楽しめたか。

②スタッフ同士の仕事の分担や雰囲気：働く環境として好ましいか
・あなたに声をかけたスタッフが最後まで担当してくれるか。
・常に店長やチーフが出てきて、スタッフに接客や製作をさせないことがあるか。
・上司らしい人物の、ほかのスタッフへの態度が高圧的といったことがないか。

③どんなスタイルの店か
・客層
・商品の品ぞろえ
・提供スタイルやデザイン

まずは一つめ、お客への態度を見て、あなたがお客として好ましく感じた店に応募することをおすすめします。

お客には店を選ぶ自由があります。お客が買い物をしてよかったと思える店が、にぎわう店です。お客が買い物するときにいい雰囲気であれば、あなたが働いたときにもいい学びが得られる店である可能性が高くなります。

次に二つめのチェックポイントです。職場の人間関係がいいかどうかは、スタッフの仕事の様子を見て判断します。あなたに最初に声をかけてくれたスタッフが、質問にも答えてくれ、オーダー品も作ってくれ、会計も見送りもしてくれるなら、その店では「スタッフがすべての仕事をする」ということですので、あなたも、接客から商品管理、オーダー品の製作といった一連の仕事を任されるということです。こういうタイプの店なら、学び取れることが多い可能性が高いです。

ただ、あなたに声をかけたスタッフが店長というケースもありますので一度の買い物では百パーセントの判断はできかねます。もし迷うなら、何度かお客として足を運んでみるのもいいでしょう。

逆に、花に触るのが特定の人物だけだったり、質問にもすべて一人が答える、といった場合は、上司だけに接客や製作の権利がある（スタッフには仕事を任せていない）ことも考えられます。また、上司らしき人物がスタッフにかける声や態度で、職場の人間関係がわかります。

お客にも親切で、スタッフ間の空気もいい、そんな店に出合えたらチャンスです！　ぜひ応募してみましょう。

なお、お客として何度も通った店に応募する際には、「何度も買い物に来ていて、お花も元気で、スタッフのみなさんも楽しそうに働いていたので自分もここで働きたいと思った」ということは直に伝えましょう。あなたがその店のスタッフだったら、そんなことを言ってもらえたら素直にうれしいですよね。あなたがしてもらってうれしいことをするのが花屋さんの仕事なので、面接時もそれを意識するのは大切なことです。

そして最後に三つめ。お客への態度、スタッフ同士の雰囲気、スタッフの仕事分担のほか、店の客層や商品の品ぞろえの系統（どんなデザインタイプのものを販売しているか）も、できれば見ておきましょう。

客層や商品の系統は、仕事を始めるうえでの参考として把握することが目的です。

もし、あなたがいま思い描く花屋さんのスタイルではない店であっても、雰囲気がよく、お客として通いたいと思える店であれば、あなたが学び取れることはたくさんあります。

いま思い描くスタイルの店でないからといって、働く選択肢から外すことはおすすめしません。スタイルは店ごとに違うからこそ、いろいろなスタイルの店で働くことがあなたの仕事の幅を広げてくれます。

雰囲気がよく、お客として通いたいと思える店を選ぶことを重視するほうが、のちのち、たくさんの学びが得られるでしょう。

▼勤務条件を確認する

応募前に、勤務条件も確認しておきましょう。

・勤務時間
・勤務曜日
・休日は月に何日あるか　自分に可能な範囲か
・事業形態（個人事業・株式会社・有限会社）
・株式会社の場合、支店や部署
・勤務場所

・交通費はどのくらい出るのか、足りるか
・運転免許証所持条件の有無

第1章でもお伝えしましたが、花屋さんは連休時が繁盛期です。そのため、書いてある勤務日以外であっても、ゴールデンウィークやお盆、年末年始（オフィス街の場合は三月末）は出勤するもの、と思っておいたほうがいいでしょう。

また、「この店がいい！」と思える店が見つかったなら、多少の交通費の高さや通勤時間の長さには目をつぶってもいいかどうかも吟味しましょう。一人暮らしなら、採用が決まったら店の近くに引っ越すという方法もあります。

店の事業形態や運営規模、支店や支所・部署の有無は、転勤があるかどうかの目安になります。支店や店以外の部署がある場合は、ほかの店への転勤や、店以外の部署への異動もあるかもしれませんので、面接時に確認しておき、心構えをしておきましょう。

「要運転免許」となっている場合、仕入れや配達の仕事を任せたいということです。もしまだ運転免許をもっていなくても諦めないこと。いまから取ればいいのです。面接に間に合わなくてもOK。「いま取るところ」と伝えればいいのです。

4　応募時に何をアピールすべきか

その店がほしい人材、スタッフにしてほしい仕事は、店のスタイルによって違います。ここで、店を見にいったときの客層や店のスタイル、商品傾向から、店が望むのはどういう人材かを考えてみましょう。

▼生花ギフトがメインの花屋さんの場合

生花ギフトをメインに販売する花屋さんの場合は、切り花の手入れや値付け、店頭束を作る、オーダーを受けて花束やアレンジメントを作る、といった仕事がありますので、この一連の流れに沿った仕事が将来的にできる人材であることを見せることが大切です。

第5章でお伝えした準備をしていれば、次のような点をアピールできます。

・ふだんからお客として切り花を買って飾っている。
・花の手入れが大変なことは承知している。
・ふだんから花を買っているので花の名前がある程度わかる。
・接客業の経験がある。

・自分の花飾りの写真（器や周囲の装飾にも気を配ったもの）を何枚か持参する。
・手早く作ったギフトで喜んでもらえるように接客も腕も磨きたい、という意思がある。

なお、面接の際は仕事のシーンに沿った服装で行くことをおすすめします。花屋さんは基本、スカートでは仕事ができませんので、きれいめのパンツルックがおすすめです。靴のヒールは低めにし、髪はまとめて、ネイルや指輪はしないほうがいいでしょう。花屋さんの仕事現場にそぐわない服装は避け、面接日にもすぐその場で働けるような服装を意識します。

▼園芸店の場合

では、園芸店ではどうでしょうか。

園芸店では、鉢植えの植物の手入れが毎日の仕事です。お客に育て方や植物の組み合わせなどを質問されます。

第5章でお伝えした点のうち、次のようなところをアピールするといいでしょう。もちろん、実際に練習を積んでいることが前提です。

・普段から自宅で植物を育てている。
・植物の手入れの方法をある程度知っている。
・植物の分類や品種による性質をある程度知っている。

・肥料や土など資材類の分類や性質もある程度わかっている。
・植物が好きだから、その魅力を伝えたいと思っている。
・簡単に育てるコツを伝えてあげたいという意欲がある。
・魅力的な組み合わせの商品を作ったり、教えてあげたりしたい。

園芸店で働くイメージはスーツではありませんよね。清潔感があるパンツルックで面接に行くといいでしょう。足元もヒールが高すぎると園芸店らしくありません。しゃがんだり走ったりできるスタイルを意識しましょう。

▼結婚式場の場合

結婚式場内にある、もしくは結婚式場と提携している花屋さんやフラワーデザインサロンの場合も考えてみましょう。結婚式の仕事をしている店やサロンでは、その性質上、ある程度の経験者をほしがっていることが多いものです。

新郎・新婦や親族に失礼のない態度が取れるか、新郎・新婦の式への思いやかなえたいイメージをくみ取って表現できる提案力があるか、といったコーディネーターの要素と、その責任ある仕事をする意欲が求められます。

また、結婚式は花だけでは成立しないので、結婚式にまつわる会場装飾、ドレスやテーブルのコーディネートにも興味があるとなおいいでしょう。

・接客業の経験がある。
・ドレスやテーブル・カラーなどのコーディネートに興味がある。
・知人の結婚式やパーティーのコーディネートをした経験がある。
・ハレの日を最高の日にする責任ある仕事がしたい。
・思いを形にしてあげることができるだけの学びをどんどんしたい意欲がある。
・フラワーデザインの知識がある（独学でもＯＫ）。
・ワイヤリングができる（独学でもＯＫ）。
・自分が作ったブーケや髪飾りの写真、現物などを持参する。
・手早く、丈夫に作れる技術を会得したい意欲がある。

結婚式の打ち合わせで失礼がないくらいの、スーツやツーピースなどのフォーマルな服装、ヒールがある靴、フォーマル感があるバッグ、そして髪はまとめて面接に行くことをおすすめします。ただし、ネイルと指輪は不要です。

5　面接時に確認しておくこと

▼勤務日数・時間・時給などの条件

勤務日数や時間、時給、時間外の時給を確認します。

採用された際には契約書が作られるのが基本ですが、面接時にメモをしっかり取っておくことをおすすめします。

▼扶養に入るのか、出るのか

花屋さんでは、繁盛期に多く勤務してもらうため、最初の想定よりも勤務時間が増えることが多いものです。学生が親の、主婦が夫の扶養内で働きたい場合は、その旨をあらかじめきちんと伝えておきましょう。

ただ、「短時間勤務募集」でないかぎり、花屋さんで扶養内の勤務は難しいかもしれません。学生は致し方ありませんが、主婦は「扶養を出て働く」気持ちでいたほうが勤務できる可能性は広がるでしょう。

▼店や会社の規模が大きい場合は

会社経営の場合、店舗が複数あることが多いものです。また、店舗のほかに作業所や事業所があり、仕入れ部・営業部・企画部といった部署があることも珍しくありません。

こうした他部署に異動がある場合も多いので、会社運営の場合は、どのような支店や部署があるのか、支店や他部署への異動があるかどうかも聞いておきましょう。

異動がある会社の場合は異動を受け入れるのが基本ですが、遠隔地など、どうしても自分には行けないと思われる支店や部署がある場合は、あらかじめ伝えておきましょう。

▼自分にできないこと、自分はこうすればできる、を伝えておく

遠方への転勤もそうですが、家族の事情や持病、生まれ持った体の機能的にどうしてもできないこともありますね。そのような事情がある場合、不可能なことはあらかじめきちんと伝えておきましょう。あとから隠していたように判明するのはよくありません。

ただし、できないことをきちんと明らかにすると同時に、「このようにすればフォローできる」という、その欠点を補う方法もきちんと伝えておきます。

ただ「できない」というだけでは、単に仕事をする気がないと受け取られてしまいがちですが、「このようにすれば対処可能です」と伝えることは、「その欠点を補う仕事をする意欲があります」というアピールになります。

たとえば運転免許をもっていない場合、「まだ免許をもっていないのでいまは運転できませんが、すぐに取ります」と伝えればいいのです。ペーパードライバーのときも同様に「ペーパードライバ

ー教習に通って運転できるようになっておきます」といった姿勢を見せましょう。

弱視などで運転がどうしてもできないときは、事情を正直に伝え、そのかわり「近くは見えるので店の仕事はすべて覚えます！」といった意欲を積極的に伝えましょう。

私の場合、子どものころの手術のため右耳がほとんど聞こえず、また「要運転免許」なのに免許をもっていませんでした。そこで素直に「昔の手術のため、右耳があまり聞こえませんが、電話を左側で取れば日常会話は普通にできます」と伝えました。また、運転免許に関しては、「いまはもっていませんが、働きながらできるだけ早く取ります！」と意欲を伝え採用されました。宣言しましたので、採用後すぐに自動車教習所に通い免許を取りました。免許を取ってすぐに高速道路を運転して仕入れを手伝うことになったので、もちろんとても怖かったですし緊張もしましたが、おかげですぐに運転できるようになりました。

▼休暇を取ることができるか

繁盛期以外にはまとまった休みを取ることができるかどうかを尋ねておきましょう。ゴールデンウィークやお盆、年末に里帰りできないかわりに、どこかで休みを取りたいですよね。帰省のほか、旅行にだって行きたいでしょう。

そこで、「ゴールデンウィークやお盆、年末は出勤します」と伝えたうえで、「そのほかの、店が忙しくない時期には長期の休みを取ることはできますか？」と聞いてみましょう。何日くらいならみんな取っているか、ということも聞いてかまいません。

もしここで、「繁盛期は出勤する」と伝えているにもかかわらず、「忙しくない時期に両親のために休暇を取れるか」といった内容の質問そのものにいやな顔をされたなら、それがその店の姿勢であることを意味します。つまり、その店では休暇が取れない、または非常に取りづらい環境だということです。

この点だけで判断はできませんが、働く店を選ぶお見合いの一基準になるでしょう。

▼急な休みの申告方法

急病や家族のケガといった突然の休みの連絡はどうすればいいかも聞いておきましょう。当然ながら、このような不測の事態はいつでも誰にでも起こりえます。その相談にいやな顔をする店長やオーナーだった場合は、こちらもまた、店とのお見合いの一基準になります。

▼オーナーや店長とそりが合うか

面接の前に、店の雰囲気やスタッフ間の空気を見たうえで応募していますので、ここでつまずく可能性は非常に低いですが、オーナーや店長とうまくやっていけそうかどうかがいちばん大きなポイントになります。

もしも、面接の話を通して、オーナーや店長の態度や話しぶりが横柄で高圧的だったり、「この人と一緒に働きたい」と思えない場合は、働く店を選んでかまいません。

最初に花屋さんで働きたい！と思っているときは、とにかくどこでもいいから採用されたいと思いがちですが、劣悪な環境の店に入ってしまったがために花の仕事がいやになることもままあります。

「人としてこの人とはお付き合いしたくない」と感じる人と一緒に仕事をすることは精神的にとてもつらいものです。花の仕事が未経験だからといって、精神的な苦痛を受けていい、我慢するべきという理由にはなりません。

逆に、店のスタイルや方向性といった、誰に何を提供する店なのか、といった部分を理由に店を選ぶのは、非常にもったいないことです。

どんなスタイルの花屋さんであっても、また、花屋さん以外の花を届けるサイクルのなかにある仕事であっても、「花のある暮らしを届ける」「花で笑顔になってもらう」という目的は同じです。あなたが、「花のある暮らしを届ける」「花で笑顔になってもらう」という目的をもっているのなら、花屋さんである必要もないのです。花屋さんは市場で仕入れをするのですから、市場で働いてみることも大きな経験・スキルになります。同様に、束加工場で働くこともスキルになるのです。

市場でも仲卸業でも、生産者でも束加工場でも、園芸店でも束売り店でも、仏花屋でも、「花を通して笑顔になってもらう仕事」であるなら、どこでもいいと考えてみるのも大切なことです。そして、「いい人に囲まれて過ごす」ことを第一に、働く場所を選んでみてください。

6 入店前に確認するといいこと

採用が決まった場合、一度入店前に説明のための時間を割いてくれる場合と、そうでない場合があります。

説明日をもうけてもらえる場合は、以下のすべてを、説明時に確認しましょう。もし説明の時間を店のほうからは取ってもらえない場合は、自主的に店に行ったり電話したりして聞きましょう。

花屋さんは多忙ですので、手が空きそうなときを見計らってコンタクトを取ります。仕入れがない日の閉店一時間前くらいに電話をするといいでしょう。店に行きたいときも事前に電話をして、いつならば話せるかを確認してから行くようにします。

▼契約書

入店後に、繁盛期でもないのに契約外の勤務がやたら多かったり、面接時の提示よりも不当に低い時給に下げられたり、時間外勤務の時給がつかなかったり、といった法律違反に泣き寝入りするしかなくなると、とてもつらくなります。

まさか！と思うかもしれませんが、個人事業が多い花屋さんでは　勤務日時や時給があいまいにされてしまうケースもままあります。

もしもの場合に備えて、採用された際はきちんと契約書を交わすことをおすすめします。会社経営の場合は基本、契約書があるはずです。

個人経営の場合は強く言えないかもしれませんが、採用されてから初勤務のときまでに店側から提示がない場合には、「契約書はありませんか?」くらいは聞いてみたほうがいいでしょう。

契約書を受け取ったら、勤務曜日、週の勤務時間、時給、法定時間外の特別時給をしっかりと確認しましょう。

▼出勤・勤務時の服装を確認しておく

採用が決まったら、出勤時の服装を確認しておきましょう。店によって、「こんな服装で」というのが決まっていることが多いものです。もし手持ちに該当する服や靴がなければ、初出勤日の前に購入しておきましょう。

服装のほか、花屋さんのスタッフに必要なものに、エプロン、生花用ハサミ、ハサミケース(腰に掛けるタイプのもの)があります。これらを自分で用意する必要があるのか、店が用意してくれるのかも確認しましょう。

ハサミを自分で用意しなくてはならない場合は、坂源の「ハンドクリエーション」シリーズがおすすめです。左手用や手が小さい人用もあります。

▼スタッフ用出入り口とシャッターの確認

次に、出勤時にどこから店に入ったらいいのかを聞いておきます。入り口はどこか、カギはどこか、どのようにシャッターを開けるのか、シャッターを開けたあとシャッター棒などはどこにしまうのか、店に入るための方法をひととおり確認しておきましょう。

▼昼食の確認

花屋さんの勤務は途中で昼食の時間を挟むことが多いです。昼食のための休憩時間が何分あるのか、スタッフは通常どのように昼食をとっているのかを聞いておきましょう（弁当なのか外食なのか、弁当はどこで食べているのか、外食する時間や飲食店は周囲にあるのか）。

ほかに、あなたが初出勤日までにわからないと心配だと思うことは何でも、あらかじめ聞いておくことをおすすめします。

7 よくある就職相談Q&A

ここでは、「花屋さんで働きたいのですが」と「が」を付けて相談される方の多くが抱えている悩みにお答えします。

基本的に、どんな悩みもあなたの気のもちよう、つまり考え方次第です。

悩みの内容は基本「コンプレックスを抱えていること」ですが、その事柄には必ず裏側があります。あなたが不利な点と思っている事柄には、実は、いい点も必ずあるのです。

いい面に目を向けて、「だから自分はできるんだ」とプラスに考えていくようにすると、あなたが不利と思っていた事柄は、あなたの武器になります。

▼「もう○歳なんですが……」

いちばん多いのが年齢に関する悩みです。

「もう○歳だから」という不安を抱えて相談されるのですが、面白いことに、この年齢にはとても幅があります。ある人は「もう六十二歳だから」と言い、ある人は「もう二十八歳なんです」と言います。これは、実際の年齢が問題なのではなく自己評価の問題になります。「自分はやるんだ、できるんだ」と思っているかどうか、という心のなかの問題です。

花屋さんになるためには、資格や条件は一切ありません。やるだけです。条件は一切ないのですから、そもそも年齢で悩む必要も一切ありません。

ではなぜ、悩むのでしょうか。それは、不安だからですよね。働きたいと申し出て、年齢で断られたら悲しい。だから最初から「年齢が○歳だから」と自分で理由をつけて半ば諦めている、そんな心が表れているのです。

確かに、「働きたいです」と申し出て、「あなたはもう○歳でしょう、だからいりません」と言われたら悲しいでしょう。でも、一軒の花屋さんの、一人の店長にそう言われたからというだけで、あなたは「花屋さんになりたい」夢を、思いを諦めるのですか?、というところがキーポイントになります。

どうしても花屋さんになって、花がある暮らしの幸せを伝えたい！、そう思っていたら、一軒の店で断られたからといって諦めることはないでしょう。私も二十軒以上の花屋さんを回って、ようやく雇ってくれる店を見つけたのです。

「あなたはもう○歳でしょう、だからいりません」というのは、そのセリフを言った人の価値観であって、それがイコールあなたの価値ではありません。何歳だろうと、自分の思いをしっかりもって行動する人は輝いているものです。

私の家の近所の商店街には、九十歳を超えても元気に毎日店に立っているおばあちゃんがいます。とてもはきはきと元気で優しく、楽しく仕事をされているので、頻繁に通いたくなります。おばあちゃん自身がやりたくて仕事をしているからでしょう。

年を重ねるということは、本来、人生経験を積んでより豊かな人になっていくことです。「自分はもう○歳だから無理」と思っている人と、「自分はまだ道の途中だからもっともっとやりたい！」と思っている人と、どちらが魅力的に感じますか？　どちらの人と仲良くなりたいですか？　やりたいことをやっている人は、自分の年齢を理由に諦めることはしません。

もし自分の年齢を理由に不安になったときは、どうぞ、自分で自分の価値を下げないでください。そして、自分の心にこう断言しましょう。「私は、花があることの幸せを伝えたいから花屋さんになるんだ！」。本気で思えば、人から年齢のことやら何やら、とやかく言われようとスルーできます。

不安な気持ちは、「本当に花屋さんをやりたいかどうか」という、あなたの思いの強さを問われているだけなのです。

▼「いままで花を飾ったり育てたりしたことがありません」

この不安は、「スクールで花を習ったことがありません」という不安と共通するところがありますね。

これまでの章でもお伝えしてきたように、スクールで花を習ったかどうかはまったく関係がありません。花や生き物が好きで、花と暮らすことのよさをみんなに伝えたい！と思っていればそれで十分です。

あなたのその好きになった経緯、これまでの経験、思いを履歴書や面接で伝えればいいのです。

ただ、いままでまったく花を飾ったことがないというのは、もしかしたら、特に花屋さんになりたいわけじゃないのかもしれません。

花屋さんという仕事は、花がある暮らしのすばらしさを伝える仕事です。なので、私の経験上では、自身が花を手にしてすごく人生が変わった、自分が助けられた、と思っている人がなりたいと希望しているようです。

ところが、自身が花のある暮らしをまったく経験していないとすると、人にそのすばらしさを伝えることができませんよね。あなたは本当にいままでまったく花と暮らしていないのでしょうか。

ぜひ、振り返ってみてください。

「花屋さんになりたい」と願う人の多くは、何かしら花との暮らしの経験があります。まったく経験がない人からは、なかなか出てこない願いだからです。

この「花との暮らしの経験」は、フラワーアレンジメントの経験のことではありません。植物に触れて、癒された経験すべてを指します。「花を触ったことがない」と思い込んでいるだけで、実際には花との暮らしを経験していることがほとんどです。よく思い出してみましょう。

野の花を摘んで飾っていたから花の経験がないと思い込んでいる、という場合もよくあります。野の花遊びも、樹木いっぱいの場所で木登りして駆け回ったことも、畑で大根を育てたことも、田んぼでドジョウをすくったことも、すべて「植物がある暮らしの経験」です。

なにかしら「ある」からこそ、「花屋さんになりたい」という思いが出てきているはずです。「野山を駆け回って木登りしていた時間、自分には悩みらしい悩みもなく、緑に癒されて、心豊かだった。いま仕事やさまざまなストレスに囲まれている人に、あの癒しをあげたい」。そんな思いがあるのかもしれません。

フラワーアレンジメントの経験は、なくてもまったくかまいません。あなたが植物に触れていた時間、そのあなたの経験と思いを、履歴書や面接で伝えればいいのです。

もし、いままでまったく花と関係ない暮らしをしてきたけれど、花との暮らしに興味をもって花屋さんになりたいと思っている段階なら、第5章でお伝えした、いますぐできるスキルアップ法、散歩や花屋さんでの買い物を始めてください。あなた自身がまず、花のある暮らしを送り始めてください。あなたが花との暮らしを歩み始めた経験がそのまま武器になります。

▼「体に不自由なところがあります」

体に不自由なところがあると、自信をなくしがちですね。年齢やフラワーアレンジの経験以上に、気にしがちです。

でもこれも、その体の不自由なところを理由に断る店がすべてか、といったらそんなことはないはずです。あなたが諦めないかぎり、あなたの思いを理解してくれる経営者・店長に出会えるでしょう。

基本的には、履歴書や面接時に事実をありのままに伝えることを推奨します。このとき、できないことを伝えることも大事ですが、「こうすればできる」「これならできる」と、やる意思があることをしっかり見せましょう。できない部分だけをアピールしては、働く気がないようにも見えるからです。

どんな障害があっても、「やる!」と決めていて「やる!」人は、応援したくなるものです。サポートしてくれる人に対して、「こういう工夫をすればできるので、安心してください」と伝えることができるなら、お客への配慮もできる人だと捉えてもらえる可能性が高まります。

私も、右耳には人工耳小骨を入れていて、大きい音以外聞こえません。会話が聞こえないので、電話も左耳でしかできません。でも、日常生活に支障がないので、面接時にそう伝え、これまで無事に働いていています。

ただ、身体的にはきつい仕事ですので、担当の医師に相談のうえで、働いてくださいね。

▼「女性が多いと聞きますが、男性でも働けますか?」

もちろん大歓迎です。花屋さんという職場は確かに女性が多いですが、店頭スタッフにも男性はいます。経営者や店長は男性のほうが多いようです。店頭スタッフは女性ばかりでも、仕入れや配送といった業務は男性がしていることも多いのです。力仕事が必須の職場なので、男手があるととても助かります。

ただ、スタッフとして働き始める段階では、給料が低いことが多い業界です。もちろん、収入は自分の頑張り次第で変えることができますが、特に家族を養っていく必要があるときには考慮しておくといいでしょう。

▼「仕事を掛け持ちできますか?」

花屋さんは、フルタイムスタッフではなく、忙しい仕入れ日だけ、週末だけ、といったアルバイトの募集を出すことも多いものです。そんな場合、ほかの仕事も入れたいと思うのは自然なことでしょう。

仕事を掛け持ちできるかどうかは、店の経営者や店長次第です。経営者や店長がOKといえばOK、NGといえばNGです。

基本的には、飲食店やコンビニエンスストアのアルバイトなど、花屋とまったく関係ない仕事となら、掛け持ちできると思っていいでしょう。

しかし、花屋同士の掛け持ちはNG、という店が多いです。絶対に来てほしい繁盛期が同じですし、向こうの店に情報が漏れることを気にする経営者もいます。

経営者や店長がOKするかどうかがすべてですので、働く時間が短い募集の場合は面接時に、掛け持ちできるかを聞いておくといいでしょう。

学生や主婦の場合は、給料を税金や社会保険の扶養範囲に収める調整が必要かどうかもよく考えましょう。

▼「将来独立したいときは言うべき?」

いまの段階でそう思っているのであれば、面接時に話しておくことをおすすめします。いきなり最初の面接時で言うなんて緊張する!と思うかもしれませんが、いいことがたくさんあるのです。

独立したいのであれば、働く店は独立のための修業先になるわけです。短期間で可能なかぎりの学びができる店を選びたいですよね。面接時に最初から将来の目的を伝えることで、応募する店の経営者・店長があなたを育ててくれる気があるのかどうかをチェックできるのです。

そもそも「そんな意識が高いスタッフはいらない」という店があった場合、仕事を教えてくれる気がまったくないということですので、あなたにとってその店で働くメリットがありません。こういう店はあなたのほうから辞退することができます。

スタッフの将来のことまで気にかけてくれる経営者・店長であればあるほど、独立したいというスタッフには、経営者の仕事をどんどん経験させてくれます。

自分からも積極的に、仕入れや仕入れ計画、イベント計画、売上金の管理といったところまで「やりたい！」と申し出て、経験させてもらうようにしましょう。

第7章　働き始めたら
——新人の心がけ

面接も終え、いよいよ花屋さんで働くことが決まったら、おめでとうございます。あなたもこれからプロフェッショナルになります。

プロとして店に立つときに何より大事なのが、自分をプロフェッショナルだと思うことです。「ええ？　プロになるのはこれからなのに？」と自信をもてないかもしれませんが、ぜひ、働く前であっても「自分はプロフェッショナルなんだ！」と思っていてください。

「自分はプロだから」と考え、「プロフェッショナルならばこうするだろう」と思うことをしてください。自分はプロだという意識で行動することが、あなたを本物のプロフェッショナルにしていきます。

1　店に立った瞬間、あなたもプロフェッショナルになる

花屋さんは、少人数で店を運営しています。一日二、三人の勤務であることが多いものです。そんな花屋さんに、お客が二組以上同時に来店したら？　はい、新人のあなたも、一人でお客の対応をすることになります。

一般の企業に就職する場合、そんなに早く一人で仕事をこなさなくてはならない場面はやってきませんが、花屋さんでは入店一週間でも、一人で接客対応する場面が普通に起こりえます。

そんな花屋さんで働き始めるときに必要なことは二つ。

一つめは、「新人だろうと、お客から見たら何でも相談できるプロフェッショナルなんだ」というプロの自覚をもつこと。

二つめは、いきなり一人で接客することになっても、堂々と受け答えする度胸です。

もちろん、新人ですから、わからないことは素直にわからないと言ってかまいません。ただ、第4章の「電話応対」の項（一〇四ページ）と同様に、はきはきとした、「店長や先輩に引き渡しができるまでの対応」は必要です。「すみません、自分にはわかりません、店長（わかる人）に聞きますので、いましばらくお待ちください」というように答えましょう。

そして、プロフェッショナルなのですから、一度聞かれた質問は、店長や先輩の仕事ぶりを見て、

その対応を覚えましょう。

同じ質問で先輩を呼んでもいいのは二度まで。三度めはなし。私は教育担当時、スタッフにそう指導してきました。あなたもぜひ、その心意気でいてください。

同様に、店の作業のやり方や手順をしっかり覚えます。店に入荷した植物の名前や扱い方を自分から、値付けをしたり、メモをとったり調べたりして、次の入荷までに覚えようとする、といった努力も忘れないようにしましょう。

これは、実際に同じ質問に三度以内に対応できるか、同じ花が入荷したときに名前や扱い方を覚えているかどうか、といったことが問題なのではありません。それだけのプロである自覚と責任感をもつことが重要なのです。

すぐにはうまくできないこともあるでしょう。できないことで落ち込むかもしれません。しかし、大事なのは、すぐにできたかどうかよりも、やる意思があるかどうか、です。もし、なかなかうまくこなせないことがあったとしても、諦めないで続けましょう。

もしかすると、一人で接客することになったときに、堂々と受け答えすることができるかという部分も、心配しているかもしれませんね。自信がなくても、ハッタリでもかまいません。お客があなたを見て不安にならないように、あなたの意見を聞けてよかったと思えるように、堂々としたプロの顔をし続けることが大事なのです。

いまは不安かもしれませんが、心配しすぎることはありません。鏡を見て、あいさつや声かけの練習をしてきたあなたなら、きっと大丈夫です。

2 「この店は自分の店」と思おう

すでに開業している花屋さんで働くとき、それは雇用契約であって、あなたが所有・経営している店ではありません。ですが、あなたの意識のうえでは「これが自分の店なんだ！」と思っていてください。

花屋さんでは、店番をするスタッフ一人で切り盛りをすることもよくあります。そんなとき、たとえあなたが経営者ではなくても、実質、「あなたの店」になります。

スタッフが二、三人いたとしても、お客から見れば、あなたは店の人であり、ここはあなたの店なのです。

数人で切り盛りする花屋さんは、切り盛りをするスタッフ次第でどんな店にも変化します。あなたが、自分をプロフェッショナルだと思い、プロだったらこうするだろうと思える、自分に誇れる仕事をするとき、あなたが働く店はすばらしく誇り高いプロの店になるのです。

そして、「この店をいい店にしたい！　この店に来てよかった、花があってよかったって喜んでくれる人をもっと笑顔にしたい！」。そう思って仕事をするとき、あなたは、仕事をすることが楽しくて楽しくて、夢中になるでしょう。そしてそれこそが、あなたを本当のプロフェッショナルにしていくのです。

夢中になれる仕事ができることは、とても幸せなことです。人の一日の時間の大半は仕事をしているのですから。あなたの幸せ、店に関わるすべての人の幸せのために、どうぞ、あなたが働く店を「自分の店」だと思ってくださいね。

3　見下していい仕事はない

働き始めてすぐのころは、掃除や水やり、水替え、花の手入ればかりすることになるでしょう。それを「つまらない」と感じるときもあるかもしれません。

花屋さんには、膨大な作業量があります。そのほとんどは、花束を作る、アレンジメントを作る、というような華やかな仕事ではありません。

けれど、第2章でお話ししたように、こうした商品を作っている以外の時間があってこそ、質のいい商品や空間を提供できるのです。

花の水揚げを丁寧にし、まめに手入れして、元気でキレイな花を使うから、花が長持ちしてお客に喜んでもらえます。

花がらや葉や土で汚れる店内をいつも掃除してきれいに保つからこそ、店を訪れる人に心地いい時間を提供することができます。

そして、花の水揚げや手入れをたくさんおこなうからこそ、あなたは、花ごとの適切な手入れ方法や使い道を体で感じて覚えることができます。

鉢植えの水やりや手入れを担当するからこそ、植物ごとの水やりのしかたや手入れ方法を、実践をもって学ぶことができます。

花の値付けを担当するからこそ、花の名前を早く覚えることができます。

最初に掃除や手入れの仕事が多いのは、あなたにいやな思いをさせたいわけではなく、花屋として必要な、花の名前や扱い方を覚え、オーダーの際にどんな花を使ったらいいのかをあなたが自分で選別できるようになるためです。

店のどんな作業も、何一つ欠けていい、しなくていいものはありません。どの作業も必要なことなのです。店の作業はすべて、ジグソーパズルのピースです。欠けていい、重要でないものなどありません。

目の前の作業には、必ず、お客の笑顔のための「やる理由」があります。もし、目の前の作業を「つまらない」と感じたときは、作業の先に、どんな人のどんな喜びがあるのかを考えてみましょう。その作業をやる意味・目的が見えたとき、取り組む姿勢が自然に変わるでしょう。

4　仕事を楽しくしよう！

仕事は、楽しい！と思うことができればどんどん上達します。

仕事を楽しむために大事なのが、自分はプロなんだという自覚と、自分がやりたくてやっているんだ！という思いです。

しかし、思いがあっても、母の日やお盆、年末の大量の作業はつらく感じることもあると思います。そんなときは自分で、単純作業に「ゲーム要素」を盛り込んでみましょう。

繁盛期の単純作業例

・山のように積まれた入荷の箱。
・これから作らなければならない大量の束のためのバケツいっぱいの花。
・ラッピング用の資材を一定のサイズに切り分ける。
・どこまでも続く会計の行列。

自分が面白く取り組むためのゲーム要素を自分で盛り込む例

・いかに箱を美しく短時間で片づけ、ほかのスタッフをビックリさせるか考える。
・勝手にタイムアタックする（一バケツ三十分、十束十分など。もちろん仕上がりが美しいことが前提）。
・いかに効率よく美しくカットできるか考えて、一気にカットする。
・すべてのお客が帰り時に笑うようなひとこと声かけや笑顔アタックをする。

沈んだ顔をして作業しても、笑顔で作業しても、作業量は変わりません。だったら自分自身が楽しめるように、自分で演出していくのです。楽しければ、顔は勝手に笑顔になり、元気も出てきます。

多忙なイベント時をつらいと思うか、喜んでもらうための楽しい仕掛けをたっぷりできる！と思うかは、店の空気を大きく左右します。楽しい雰囲気が店からあふれ出ていれば、楽しい店になります。

楽しい店には人が集まり、スタッフもお客もみんな楽しくなります。楽しくするかどうかは、他人ではなくてあなたが決めるのです。

あなたはプロフェッショナルなのですから、楽しませてもらおう、ではなく「自分で楽しくする」、その意気込みを忘れずにいてくださいね。

5　環境がよくないと思うときは

それでも働く環境がどうしても厳しい、ということも事実、あります。

このようなときは、あなたがもっている権利もしっかりと主張しながら、あなたの義務もまず、きちんと果たしましょう。

それでもどうしても店の姿勢と相いれないときには、店を移る、職種を変える、といったことも一つの選択肢です。

▼ひどく攻撃・叱責される

おそらく、オーナーまたは店長とは、面接時に会っていると思います。そしてそのときに、どんな人かも少しは見ていたと思いますが、実際に働き始めたらギャップがあったり面接時に会った人ではない先輩から、不本意な扱いを受ける場合もあります。このようなとき、すぐに「向こうが悪い」と考えるのは簡単ですが、まずはいったん、本書でこれまでにお伝えしてきたような考えと姿勢でもって仕事に取り組んできたかどうかを、振り返ってみてからでも遅くはありません。

たとえば「先輩がきつい」という場合。

先輩にはたくさんの作業があり、手を止めさせることで先輩の作業が滞り、そのせいで先輩がオーナーに叱られる、ということになるのであれば、仕事に対して真面目な先輩ほど、あなたに教えるための時間をとられることをいやがるでしょう。

これは、先輩だけのせいで、先輩がいやなひどい人だから、ではありません。教えてほしいのならまず、「先輩の仕事を手伝って先輩の時間を空かせる」ことを考えましょう。

もしかしたら、先輩は教え方もわからないために、掃除や水の替え方、バケツの洗い方でさえ「そんなこと教えていられない！（教え方がわからないし、時間がかかって自分の仕事ができなくなってしまう！）」という態度をするかもしれません。

けれど、掃除のしかたやバケツの洗い方は、なにもその先輩に聞かなくても、掃除の方法や花の本、私のブログやメールマガジンからでも知ることができます。そして、自宅で練習することもできます。

花屋さんでは、教えた経験がなく教え方がわからない職人が、職人の仕事もしながらあなたに教えなくてはならない、という状況にあります。「先輩とは、待っていれば当たり前に指導してくれるものだ」と思っていると、つらいと感じる状況かもしれませんが、少し考え方を変えてみましょう。

いまお話ししたような状況下でこの先輩に指導をしてほしいと思うならば、まず、あなたが先にできることがあるはずです。

先輩に指導するための時間を用意したり、どうしても先輩でなくては教わることができない、その店ならではの方法だけを質問すればいいように準備をしておいたり、というような、教わる側の、場に合わせた心づもりも必要なのです。

そのように自分のことも考えてくれ、気を配り、一生懸命自分で勉強してきたことがわかる後輩に対しては、真面目な先輩ほど、その態度に真摯に応えてあげたくなるでしょう。

相手が置かれた状況を考えてみるということは、お客や、お客が花を贈ろうとしている相手のことまで思いを馳せるためにも必要です。

まずは店の仲間のことから、それぞれの状況を思いやる練習をすることは、あなたにとってすばらしい経験になっていくでしょう。

こうした歩み寄りをしても意思が通じ合えない場合にはじめて、勤務する店を変える、職種を変える、といったことを考えましょう。

職場の仲間への気遣いという目の前の課題をクリアしないでほかの店舗へ移った場合、また同じ課題がやってくるのは珍しいことではありません。いま与えられたプロフェッショナルへの課題から、一つひとつ乗り越えていってみてください。

▼待遇が悪すぎる

面接時の約束よりも時給が低い、残業代が出ない、休日出勤が多すぎる、といった場合は、雇用時の雇用契約を確認することが大事です。ですから、きちんと雇用契約書を交わしておくといいでしょう。

雇用契約書の内容に沿わない場合や、労働基準法に違反している場合は、本社があればまず本社の担当者に、本社がない個人店の場合は労働基準監督署に相談をする権利があります。

しかし、実際には、相談をすることで環境が余計悪化することをおそれ、言えないケースが多いでしょう。

もし相談さえもできない雰囲気であれば、職場を変えることもやむをえません。なるべくなら、そのようなことがないよう、面接時に、違和感を覚えないかどうかを大事にしてください。

▼仕事を教えてもらえない

これは、まず、先の「先輩が後輩に仕事を教えることができる状況が整っているか」を見てみましょう。

そして、それを実行していれば、ほぼこちらもクリアすると思われる別のポイントがあります。仕事に対する意欲の有無を見て、次の段階を教えるかどうかを判断している店長・オーナーもいるということです。

たとえば、いつもレジ業務ばかり、というとき、「たかがレジ」「レジなんて」「なんだレジか」という考え方をしていると、どうしても不満を抱きます。「なぜ、まだ花束の製作をさせてもらえないんだろう」「レジと掃除だけなんて、先行きが見えなすぎてもうイヤ！」というように。

しかし、店の業務全体を見た場合、レジという場所は、その店で買い物をするお客全員が必ず通過する場所であり、レジを担当するスタッフは、お客全員に話しかけ、触れ合えることができる、とても重要な位置にいるのです。

つまりレジ担当者は、お客すべてを直接、幸せな気分にしてあげることができる重要な任務を担当しています。

花屋さんだから、レジ打ち以外の仕事も存在しますが、もしあなたがスーパーマーケットに就職してレジ担当だったら、「たかがレジ」「レジなんて」「なんだレジか」と思っていたら、毎日の仕事も会社もつまらなくてたまらなくなってしまいます。

実質、レジをお客が通過するのはわずか一分程度の時間かもしれません。その短い時間にも、できることはあるはずです。

「この人に喜んでもらいたい！」

「どうすれば、今日一日、楽しくなってもらえるだろうか？」

「どうすれば、今日はいい日だった！って、思ってもらえるだろうか」

レジという仕事を与えられたとき、まず「レジマスター」を目指すのかどうか、レジを極めるつもりがあるかどうか、が重要なのです。

お客にとって、少しでも気持ちよく、少しでも楽しく、少しでもわかりやすくしたい。その気持ちこそが大事なものなのです。これには、担当場所はまったく関係ありません。むしろ、レジはお客全員が必ず通過する超重要ポジションですし、掃除は、お客が滞在して気持ち良く、楽しい空間に直結します。

どちらもとても重要な業務であって、レジや掃除をこの意識をもってできない人には、それ以上難しい仕事はできないから次の段階の仕事を教えない、と考える店長・オーナーもいるでしょう。

まずは、当然のように教えてもらえるまで立っているのではなく、「プロフェッショナルであるなら何をするか」を考えて、自分からいまの自分にできることを実行していきましょう。

どんな作業も、あなたの考え方一つで、やりがいがある楽しい仕事に変化するでしょう。先輩でなくては教えられない段階の仕事を伝授してもらうのは、そのあとだと考えてください。

「教えてもらえない」と嘆く前に、あなたにできることがまだまだたくさんあるはずです。

おわりに

『花屋さんになろう！』、いかがでしたか？　あなたが思ってもみない世界だったり、思ってもいなかった考え方だったかもしれません。

独特な世界に感じたかもしれませんが、仕事をするうえでの考え方は、花屋さんでなくても、どの仕事をするときにも共通します。

そして、あなたが無事、花屋さんで働き始め、最初の試練を乗り越えたらぜひ、さらなるプロフェッショナルを目指してください。

花屋さんがおこなう業務は、本書の第3章に書いています。

レジや掃除の例を挙げましたが、すべての業務に対して、同じように、仕事の意義・目的を考え、自分にできることを提供していくとき、あなたは、本物のプロフェッショナルになっていることでしょう。

そしてそれは将来、独立したり職場を変わったり、ほかの仕事をするときがくるとしても、また、あなたをその仕事のプロフェッショナルにするでしょう。

本書を手にした、花屋さんになることを夢見るあなたへ。

花屋さんという仕事がどんなものか知ったうえで、それでも花屋さんになりたい！と思ってもらえたら、とてもうれしいです。

心あるオーナー、仲間たちに出会えますように。花屋さんの仕事を、ワクワク楽しくおこなうことができますように。

そしてあなたの仕事で、多くの人に笑顔を届けることができますよう、お祈りします。

＊＊＊

店の仕事をもっと詳しく知りたいときは、「お花屋さんの教科書」(http://blumeleben.jp/)を活用ください。

なお、もしも独立したいと思ったときは、経理や売上計画と検証、イベントの企画と検証、仕入れ管理といった、「店舗を運営管理する業務」ができるようになってからでないと厳しいです。店の業務は、どれが欠けても成り立ちません。花の技術だけでは店の運営はできないのです。計画から管理・経理まで、店の切り盛りができるようになってから独立することをおすすめします。

二〇一七年十月

本多るみ

［著者略歴］
本多るみ（ほんだ・るみ）
東京農業大学農学部農芸化学科卒（土壌肥料学専攻）、学芸員資格所持。大学卒業後、11年間の生花店勤務（店長）を経て、出産を機に独立。2007年生まれの息子、13年生まれの娘の育児をしながら、みずからの「家庭の花」を紹介しつつ、家庭でできる毎日の暮らしのエッセンスを発信
著書に『花贈りの便利帖――こんなときにはどんな花を贈るといい？』（誠文堂新光社）、ウェブサイトに「花＊生活」（http://blumeleben.com/）、「お花屋さんのなり方／働き方」（http://ameblo.jp/21star/）、「お花屋さんの教科書」（http://blumeleben.jp/）、「簡単♪３分フラワーアレンジ」（http://blumeleben.blog25.fc2.com/）など

花屋《はなや》さんになろう！

発行………2017年11月30日　第1刷
定価………1600円＋税
著者………本多るみ
発行者……矢野恵二
発行所……株式会社青弓社
〒101-0061 東京都千代田区三崎町3-3-4
電話 03-3265-8548（代）
http://www.seikyusha.co.jp
印刷所……三松堂
製本所……三松堂

ISBN978-4-7872-3426-1 C0036